# 聞き書き　朽《くつ》木《き》小《こ》川《がわ》
## しこぶちさんと奥山暮らし歳時記

文／榊治子
写真／榊　始

# 滋賀県高島市朽木小川《こがわ》

滋賀県で唯一の村であった朽木《くつき》村（高島《たかしま》市朽木）。榊が住み始めた当初（２０００年末）は人口約２７００人。面積１６５・77㎢の90％以上が山地で占められる中山間地の琵琶《びわ》湖源流・水源の郷です。夏は涼しく、冬は豪雪にみまわれることもしばしば。特に針畑《はりはた》では標高が高いためもあり、多い年には道の電線をまたぐことができるほど雪が積もっていました。

「38豪雪」時（１９６３年・昭和38年）は、完全に道が遮断され、自衛隊のヘリコプターから食料の投下を受けたといいます。現在は雪が10㎝以上積もったら除雪車が出動するため、道が塞がれる心配はありません。日本海側気候地域に分類され、「弁当忘れても傘忘れるな」というほど雨が多い。シトシト降り続く雨は、「朽木しぐれ」と呼ばれます。

高島市および福井県小浜《おばま》市と京都府南丹《なんたん》市との県境から流れ出す針畑川は、京都市久多川合《くたかわい》で久多川と合流、その後国道３６７号に沿って流れる大津市の葛《かつら》川に合流し、安曇《あど》川となって、琵琶湖に流れ込みます。安曇川は琵琶湖水域では通水量が一番大きい川だと言われています。

高島市朽木小川は、この針畑川沿いに点在する、旧朽木村行政区としては一番奥の集落です。でも私は、小川は京の都に一番近いところだと思っています。実際、小川から京都市街まで車で1時間もあれば行けます。また、お隣の在所は京都市左京区久多で、小川は高島市の中では一番京都に近い場所です。

針畑川沿いの県道は近年「鯖《さば》の道」と言われていますが、小浜から京の都に通じる一番近い道として古くから往来されてきました。「京は遠ても18里」と言われ、小川はちょうどその中間ぐらいにあたります。

小川は「まつばら（松原）」、「とたん（戸谷）」、「どのはら（堂の原）」、「やまこしはら（山越原）」、「とこなべ（床鍋）」の五つの字《あざ》にそれぞれ小さな集落がありましたが、榊が住み始めたころには「とこなべ」の２軒は他の字に引っ越して、「と

堂の原・さじろう庭先で獅子が舞う

こなべ」ではフィッシングセンターが営業していました。また、戸谷の川向いは「庵の原（あんのはら）」と言い、今は杉林になっていますが、もともと大きなお寺（寂静寺《じゃくじょうじ》）があったそうです。

小川の方々とお話していると、時々「人の名前？」と思う言葉が入ります。分家などで一集落の中にも同姓があるため、どこの家の話をしているのかわかるように「屋号」が今でも生きているのでしょう。「屋号」は先々代の当主の名前が多いようです。その後引っ越した家は姓で呼ばれたり、職業で呼ばれたりしています。

# 目次

# 出版にあたり

このたび、榊治子氏が本書を上梓されたことを我が事のように喜んでいます。

氏がお住まいの小川地区の歴史は古く、天平宝字六年（七六二）に記された『杉榑漕運功銭米《すぎくれそううんこうせんまい》注文書』（正倉院文書）に登場する筏《いかだ》の流送に関わった「小川津」が存在した地域であり、鎌倉時代以降は朽木荘と針畑（治幡）荘との交点に位置していました。

したがって、本書に記された内容は、単に小川集落とその周辺地域に限定された生活史として読んでしまっては皮相的になってしまいます。近江《おうみ》・若狭《わかさ》・山城《やましろ》・丹波《たんば》の国境地帯に育まれた文化圏の原風景としての視座が必要です。

本書は、地域の神事や仏事にはじまる年中行事、通過儀礼などに関する民俗学者による記録とは趣を異にしており、外部からの観察では知り得ない貴重な聞き書きとして、ムラの生活史がその土地の言葉（方言）で語られているところに大いに価値があります。また、ところどころに挿入されている氏のコメントからは、すっかりムラに定着され、ムラを愛する人としての温かい視線を感じることができます。

最近読んだ本の一節に「過去の記憶が豊かであるほど、それが他者や文献から引いた記憶となったものであれ、未来の出来事の創造も豊かな内容になるのではないか」と述べられていました。

今日の日本社会では、地方の過疎化が深刻な状況を呈しています。この一書が契機となって、地域の人々が先人から連綿と受け継がれてきた生活習慣のもつ重みを再認識するとともに、読者諸氏が自己の故郷にあらためて思いを致すことに役立つことと信じています。

元朽木村史編集委員長

石田　敏

# 1　しこぶちさん

雪の思子淵神社　行き返りの挨拶を欠かさない

# 重要文化財になった朽木小川の「しこぶちさん」

朽木小川には「思子淵《しこぶち》神社」がお祀りされてきましたが、その本殿と左右に並ぶ蔵王権現社《ざおうごんげんしゃ》、熊野社《くまのしゃ》の三つが２０１５年（平成27）７月、国の重要文化財の指定を受けました。

「しこぶちさん」は、安曇川流域だけに点在する、筏《いかだ》流しの神様をお祀りする神社です。「しこぶち」の漢字は違いますが、社殿や祠《ほこら》の形で現存するものだけでも安曇川流域に16か所あります。

安曇川流域では、古くは奈良時代の東大寺造営に、木材を伐《き》りだし、筏を組んで琵琶湖岸の安曇川まで運んで、そこから遠く奈良まで送っていたことが「正倉院文書《しょうそういんもんじょ》」などに書き残されているそうです。

安曇川流域の最も危険な淵や川の合流点などに、筏師の守護神として祀られたのが「しこぶちさん」ですが、東大寺造営の時には筏流しが行われていたのだから、８世紀ごろにはしこぶち信仰がすでに始まっているとされています。

今回重要文化財の指定を受けたのは、朽木小川の「思子淵神社」の覆い屋《おおや》の中に安置されている祠（社殿）のうちの一つ、蔵王権現社から「応安４年」（１３７１）と明記された板札が発見されたためです。また、他の二つの祠（本殿・思子淵大明神社、熊野社）も建築様式が同じであったため、おそらく14世紀後期に建立されたものであろうと認められたものです。

各社殿とも、部材の風蝕程度より、古くから覆い屋に納められていたとみられ、建築当初の部材が大変良く残されていること、３棟の社殿は、「見世棚造《みせだなづくり》」としては県内最古であること、安曇川流域の「しこぶち神」信仰の社殿形式および信仰の形態を知るうえで価値が高いと評価されたそうです。

それは、７００年近くも「しこぶちさん」を小川地区の人々が守り続け、バラバラにあった社殿をかなり早くから覆い屋に納め、お祀りしてきたということです。

「蔵王大権現社は大城戸《おおきど》の川向かいにあったんや。ほんで、熊野大権現社は大城戸の横の谷川のかかりにあった。思子淵さんは今のところやった」と茂さん。

「堂の谷のかかりで大城戸の橋向こうにある祠は熊野大権現の祠や。思子淵神社に元の祠は納めてあるけど、もともとの堂の谷にも木の祠を置いてあるんや。その前にある石の灯籠《とうろう》の頭は13号台風で飛んで流されたんや。はじめは盗まれたとか言ってたけど、あとで川の中から見つかったんや。蔵王大権現はもともと庵の原いう大城戸の川向いにあって、そこにも木の祠があったんやけど、20年ほど前に、腐って倒れたんや。それで、また木で作っても腐ってしまうから、いうて石碑を立てたんや。今でも石碑はあるはずやで」と久一さん。

今回の重文指定は、この小川地区のご先祖様が「しこぶちさん」を長い間大事に守り続けてきたことが認められたと言えると思います。

榊が小川に住み始めた頃、2年計画で小川の「思子淵神社」の覆い屋の建て替えが行われることになり、２００1年には材木として利用するため、神社裏にある村山の杉の伐採《ばっさい》が行われました。これらの木は、建て替えを考えて、古くから村山に植林が行われ、必要な木を育てていたということで、これも「しこぶちさん」を地域が計画的に守ってきたという証《あかし》であろうと思います。

２００1年、山仕事をしていた茂夫さんと久一さんが1年かけて杉や檜《ひのき》の大木を伐りだしていきました。まず杉の大木を伐り倒し、やながだんの沢に杉の丸太橋を作り、谷にケーブルを張り、上から大きな杉の丸太を吊り下ろしていきます。機械を使っているにしても、二人だけでこんな大仕事ができるものなのか、と私たちはビックリして見ていました。これらの木は製材されて新しい覆い屋の材料になります。

そしていよいよ、２００2年3月お彼岸、雪がちらつく寒い天候のなか、小川地区男性住民全員で古い覆い屋の解体が執り行われました。榊がその時の様子を書き留めていたので、引用させていただきます。

　昨年からの計画で、家のまえのお宮さんを建て直すため、このお彼岸は区内総出で（といっても、街に出ている息子も集めてようやく11人）宮社の取り壊しにかかった。社の中に神体の入った祠が4体安置されていたのをまず担ぎ出し、社の柱を何本か切り、ユンボにワイヤーをかけてグイと引っ張るとガシャンと潰れた。ユンボの力が強すぎて少し斜めに倒れ、石垣を潰してしまったのは失敗。緑色の屋根をはがすと裏側はきれいな赤銅色に輝いている。なんと銅張りの屋根だったのだ。（実際には5体の祠が安置されていたのですが。）

　この時、潰した社殿（覆い屋）の木材の一部に、江戸時代末期の年号が書かれていたのを、榊は見ています。古い覆い屋の建築年だったのであろうと話をしていました。「文化財になったしこぶちさん」の講演会で、講師の先生が、「おそらく古い覆い屋は、江戸時代末期に建て替えられたものだったでしょう」とお話しされていました。まったくそのとおりだったのだ、と納得した次第です。

　また、さんぺぇのおばあちゃん（当時90歳を超えていた）が、「昔は檜皮葺《ひわだぶ》きやったんやけんど、若いころうちがちょっとの間家を出ていて、帰ってくると銅葺きに代わっていた」と話していました。

　新しい覆い屋は宮大工さんにお願いして、半年ぐらいで完成。それまでの間、5体の祠は山際にブルーシートでスッポリと覆って安置されていましたが、翌年のお正月には銅張り屋根の新しい覆い屋に戻され、お参りできました。

　建て替えを行ったすぐ後に、『朽木村史』編《へん》纂《さん》のために、調査が入りました。おそらく、高島市合併前の朽木村の事業だったのでしょう。それまでは神主しか上がれなかった御殿の、神主も開けたことがない祠の調査が行われたのです。そこで板札が発見されたことが重文指定へと繋がっていきました。

しこぶちさんの入り口には立派な石の鳥居が立っています。「昭和29年建立」と刻まれていますから、ちょうど朽木・針畑一周の道ができたころでしょうか。

大きな鳥居を立てたのはやはり男性住民全員参加の普請だったそうです。「昔はなんでも自分たちでやったで」と。まだまだ住民も多く、地域に勢いがあったのでしょうね。

しこぶちさんの入口にある石の鳥居は、「昭和二十九年建立」と書かれてるやろう？　昭和28年、久多の峠を車が通れるようになって、材料を運んできたんや。小川に車が来たのは初めてやったわ。その時の車（トラック）は、狭い道を通るために車の幅を狭く改造して荷物を運んできたって聞いたで。

建てるのは普請《ふしん》や。昔は何でも自分たちでやらんとあかなんだんや。それがな、建てている時に材料の横柱の石が1本折れてしもうて、また注文して、梅ノ木まで取りに行ったんや。28号台風の後で、坂尻橋が落ちてしもうたから、火鋏《ひばさみ》（梅ノ木までにある谷。今は石橋が掛かっている）と2か所の谷を、みんなで大きな石材を担いで渡ったんや。

しこぶちさんの御神体は、盗難にあってありません。「2回盗難があってな、そのあとまた盗みに入られたんやけんど、3回目は何も盗られんかった」と茂さん。

10年ほど前に、大津市葛川坊村町《かつらがわぼうむら》の明王院《みょうおういん》が杉の大木を伐り出した時、その大きな枝でご神体を彫っていただき、朽木神主さんにお祓《はら》いをしていただいて、安置された、と榊は記憶しています。私はご神体の代わりに石を置いてある、と聞いていたので、それを聞いてうれしく思いました。

2019年（令和元）、3社の前に置かれている木製の狛犬《こまいぬ》を滋賀県立安土城考古博物館から秋の企画展のために借用依頼があり、住民で協議した結果、貸し出すことになりました。石の狛犬はいつも見ていたのですが、木製の15㎝ぐらいの狛犬があることは知りませんでした。

6月のお祭りで御開帳されたときに目を凝《こ》らしてみると、確かに小さな狛犬というより獅子《しし》のような木製の犬が社の前に置かれています。恵美子さんやオシンさんにそのことを言うと、「そんなん、あったんか？　うちらぁ、御殿の中まで入られへんし、拝むだけやから知らなんだわ」と。女性は神様事《かみさまごと》には一切関わらないので、知らなかったそうです。

11月8日、小川の住民など12名で安土城考古博物館に企画展の見学に行きました。いろいろな狛犬とともに、小川の狛犬3対6体も展示されていましたが、一つの神社で3対も狛犬があるのは小川だけです。この狛犬、作られたのは室町〜桃山時代だそうです。

高さ15㎝ぐらいの狛犬、それぞれ表情が異なり、可愛い。小川の人々、この狛犬の前からしばらく離れられませんでした。窓ガラス越しとはいえ、こんなに間近で狛犬が見られる機会はもうありません。特に女性は御殿に上がれないので、階段の下から眺めるだけになります。皆さんと一緒に安土までのバスハイクができたこと、本当によかった、と思いました。

思子淵神社木造狛犬（滋賀県立安土城考古博物館提供）

思子淵神社。この覆い屋の中に本殿などの小さな社殿が納められている

2

## 思子淵神社の「こうぞんさん」

　朽木の各集落の神社では、古くから専任の神主ではなく、交代制で神主を務める例がしばしばみられたそうです。この交代制の神主を「こうぞん」や「こうどん」（講殿・神殿の字をあてる）と呼んでいます。

　小川・思子淵さんの神主も「こうぞんさん」と呼ばれ、やはり交代制です。「こうぞんさん」は、成人して結婚している男性が務めました。昭和初期～戦争直後の頃は、1軒の家に三世代6～7人同居しているのが普通で、若い人も多く、次々結婚した男性が神主になって、1回（1年～1年半）「こうぞんさん」を務めたら、次の人に代われたし、若いとき1～2回ぐらいしか神主はしなくてよかったようです。

　こうぞんさんは、1月の初集会で次の人が決まり（ほとんど家の順番なのですが）、3月お彼岸の集会で交替します。

　こうぞんさんのお勤めとしては、「つもごり」と言って、毎月の終わりの日にカリヤ（社務所）に1泊して、翌日（一日）の朝お勤めをして家に帰ってきます。（閏年《うるうどし》は13回つもごりしました。）

　月の最後の日に神主はお宮さん（思子淵神社）に参らんとあかんやった。最後の日にお宮さんにこもるから「つもごもり」って言ってたんや。毎月神主は参ったんや。それから「つもごり」に呼び方は変わったけんど、毎月神主がせんならん行事や。

　また、春と秋のお彼岸の間も各1週間、お正月は大歳《おおとし》（大晦日《おおみそか》）の夜から4日朝まで寝泊りしたそうです。この大晦日のお勤めは「おおつもごり」と言っていました。「宮司《みやじ》さん（こうぞんさんを補助する役）」も一緒に寝泊りします。

　こうぞんさんのお布団《ふとん》は、家族が社務所に運び入れました。宮司さんは自分で持って行ってよかったそうです。また、お彼岸の寝泊りの際は家に帰って食事したそうですが、お正月にはお米を持参し、宮司さんがご飯を炊いて、おかずは家からその都度持参しました。

正装したこうぞんさん。着ている白い狩衣《かりぎぬ》を「しろこ」と呼んでいる

こうぞんさんは大歳に寝泊りするんや。ここに大きな囲炉裏《いろり》があってな、うちらお布団持って来るんや。鍋に米入れてな、炊いて供えんなんし、自分も食べんなんしな、ほんでそやって持ってきた。

昔は１００日ぐらい思子淵さんのお勤めがあってたいへんやったわ。

こうぞんさんのお勤めでは、御殿で祝詞を上げていました。１９８７年（昭和62）、ＮＨＫの番組で、その時こうぞんさんを勤めていた久一さんが祝詞《のりと》をあげるのを放映されたそうです。しこぶちさんには祝詞が書かれているものが伝わり、こうぞんが交代しても祝詞をあげられるようにしてあるということです。でも「そんなん、祝詞は何言ってるかわからんように言わんとあかんのや」と久一さん。上針畑の大宮さん（大宮神社）には、祝詞が書かれたものはないそうです。

こうぞんさんしか御殿には上がれなかったので、御殿の掃除はお勤めの都度、こうぞんさんがしていました。

お宮さんに夜、こうぞんさんが火を灯すのを「お百灯参り」と言うそうです。「正月に6月と10月のお祭りと、秋の彼岸に節句と……よう覚えとらんわ」と。電気が通じてから、電球を使うようになって、お百灯は使われなくなりました。今は高島歴史民俗資料館に預けてあるそうです。

御殿の両側に、金（カネ・金属）で作られた三角の台を置いて、〝かわらけ〟やったと思うけど、白い皿を50皿ずつ、左右で計100皿並べて、1段に並べる数も決まっていたんやろうなぁ。皿に油を入れ、確か〝といしみ（灯油滲《し》み?）〟言うたと思うんやけど、白い紐を入れて、その〝といしみ〟に火を点《つ》けてお参りするんや。お百灯はきれいやったなぁ。

火打石と鉄の板を擦《す》ったらパチパチと火の粉が飛ぶんや。ほんでシュロの箒《ほうき》の先を切ったようなのんの先にその火花を燃え移らせて、それを木かなんかに移してお灯明《とうみょう》に火を点けるんや。小さいとき稔さんがするのんを見てたわ。とにかく、マッチを使ったらあかんのや。皿は油が入ったまんま洗わへんまんまして。紐《ひも》、売っとるんや。それ入れて火ぃ点けていくんやけど、たしか108つ皿あったん違うやろうか。上から火点けていったら、下のほうにきたら上のが消えたりして大変やったで。俺も（こうぞんで）2回ほど火、点けたことあるわ。覆い屋直してから、したかなぁ? 1回だけしたんちゃうか。

御開帳（御殿の戸を開ける）するのを「おみと」と言い、正月・3月と5月の節句・6月と10月年2回のお祭りに「おみと」を行いました。節句やお祭りの時には泊まりはなかったそうです。

お正月の準備として、12月13日には榊や松、ウラジロなど、供えるものを山に取りに入りました。

杉とヒノキの、穂がよくついている枝を切ってきて、正月の朝、御殿に祀《まつ》って（お供えして）からお宮さんのお札と一緒に1軒に2本ずつ渡していたんや。それは最後天気のいい日に田んぼに撒いてたで。

また、12月20日にはお宮さんの餅《もち》（こうぞん餅）を搗《つ》きます。こうぞんさんが餅を搗いた後に、他の家でも餅を搗いて鏡餅を作ってもよいそうです。

「おおつもごり」では、大歳の夜、御札《おふだ》を刷《す》ります。小川の思子淵神社には古い木版が伝わっていて、こうぞんさんだけが紙にさわれるということで、世帯の数だけ御札を刷り、これも御殿に祀り、正月の参賀でカリヤに皆さんが集まった時、宮司さんが各家の世帯主に日の丸の付いた扇子《せんす》に乗せて渡されています。御札をいただくとき、皆さん、〝お年玉〟をお返しします。この後、御神酒《おみき》も宮司さんがみなさんに注いで回られ、新年の挨拶《あいさつ》が交わされます。

また、「おおつもごり」では供物のスルメをクルクルと巻いたものも作りました。こうぞん餅にミカン・昆布・栗・干し柿などと一緒にお供えされ、元旦に御神酒と一緒に参拝したみんなでいただきます。

お正月には、その年の厄年《やくどし》の方は厄払いにミカンや銭を奉納します。ミカンは1箱、銭は小銭を半紙で包んでおひねりにしたものをお盆いっぱい、こうぞんさんにお願いし、御殿にお供えしていただきます。正月参拝の最後に、こうぞんさんが御殿からお供え物を下ろしてきて、皆さんに紹介します。それからミカンと銭撒《ま》きが行われます。この時は子供たち（孫や曾孫）も大喜びです。撒く、といっても、今は参加する人数も少ないので、こうぞんさんからお供えした方の名前が紹介され、宮司さんがカリヤの中で皆に当たるように撒きます。

榊も最後の厄年の年、小銭をおひねりにしてお盆に乗せ、風呂敷《ふろしき》で包んでお供えして撒いていただきました。また、長女の厄年にはミカンをお供えしました。

厄払いの人は、「かねのて」と言って、御殿の前に鈴をつけてガラガラと鳴らす紐もお供えするそうですが、知らなかったので、これはお供えしませんでした。

年始のお参りはみんな早いんや。大晦日には除夜の鐘を聞いて寝るやろう、ほやけど朝4時には起きて、外真っ暗やけど、お宮さんに行くんや。ほしたらもうみんな集まっとって、うちは遅いぐらいやった。

〝お日待ち〟いうて、1月14日夜から集落の男がかりや（社務所）に集まって泊まり込みをしたんや。みんなで博打《ばくち》をして一晩過ごしたんや。おもしろかったで。

年始のお参りは、榊が住み始めた当初は8時集合と決まっていました。今は朝早いのはかなわん、ということで、10時集合になっています。

5月31日のつもごりでは、6月1日の朝、神主は生の寒餅《かんもち》（かき餅）を供えました。そのため、神主になったら、その家は冬の間に寒餅を作っておかないといけなかったそうです。「かき餅ついたち」と言って、冬、寒の時期に作っておいたかき餅をようやくこの日から食べられるそうです。

「古屋では7月にかき餅供えとった」と、おしんさん。針畑筋では、どこの集落でもかき餅は(月は違いますが)夏にならないと食べなかったようです。「かき餅は夏のおやつやわ」と千恵子さん。

7月31日のつもごりでは長芋《ながいも》（自然薯《じねんしょ》）をお供えするんや。神主が宮さん持っていって供えたんや。生で供えたんやなぁ。宮さんにお供えして、みんなで食べるんや。みんなって、男の人だけやで。神主だけやのうて男の人もつもごりではお参りするから。

芋は山で掘ってくるんやけんど、うちら、よう掘らんやろう、半夏生《はんげしょう》のころは山芋はまだ小さいし。そやからうちなんか長芋を買って持って行ってお供えしたなぁ。

そういえば、榊が区長を始めて受けたとき、6月のお祭りに区長が準備するものとして、「大根、山芋（長芋）、スルメ、果物、米、塩に御神酒一升」と教えていただきました。毎月のつもごりをしなくなっても、6月のお祭りには山芋をお供えしているのです。

お祭り　玉串

神主として神殿に上がる時は、「しろこ」を着ました。神主の間「しろこ」は、毎月「ついたち講」といって、伊勢講・愛宕《あたご》講で各家に順番に寄っていましたが、その時にも着て行ったそうです。

また、正月・お盆のお寺参りにも神主は「しろこ」を着て行きました。「おみとの時には白い着物が別に作ってあって、それを着たんや」と。

榊が住み始めた頃はこうぞんさんは「しろこ」、宮司さんは袴《はかま》姿でしたが、今は簡略化しよう、という意見が多くなり、宮司さんは背広に代わりました。

こうぞんさんはお勤めでお宮さんに行く時は、3日前から「精進日《しょうじんび》」と言って、家でも一人別の部屋（座敷）で寝ないといけません。こうぞんさんを務める1年間、ネギ類と四本足のもの（肉類）など、生臭いものは食べてはいけないそうです。

神主の間は1年間、〝お鍵《かぎ》〟を預かるから、よそにも行かれへん。それに、神主の洗濯ものは他の洗濯ものとはタライも竿《さお》も別にして、石鹸《せっけん》は使ったらあかなんだで、糠《ぬか》で洗って……たいへんやったわ。

また、おしめなどを使っている赤ん坊などは不浄だから、さわったり抱いたりしてはいけないそうで、「赤ちゃんは自分の子どもでも1年間さわれない。一種のいじめや」とも。

初めて神主になる人は、3月21日までに明王《みょうおう》院《いん》の谷で禊《みそぎ》をし、5月5日までに、一人で自転車に乗って福井県小浜《おばま》の海岸に行き、裸になって海に入り、塩垢離《しおごり》（海水による禊）をかきました（しました）。バイクに乗るようになってからは、バイクでも行ったそうです。

他の針畑地域や能家《のうげ》、麻生《あそう》、木地山《きじやま》集落でも、昭和初期の頃まで、「こりかき」と言って、神主になった男性は小浜の海岸に禊に行っていたようです。「うちらは歩いておにゅう峠《とうげ》を越えて小浜の浜まで禊をしに行ってたで」と上針畑の方。久多では今でも神主になったら小浜まで禊に行くそうです。次に神主を受けた時からは、小浜でなく、小川では坊村の明王谷の上流へ行き禊をかいてもよかった、と言う方も。

また、「寒氷（かんごり）」と言って、寒の間（1月6日〜2月3日）毎朝、家の外で水をかぶり身を清めていたそうです。朽木小川の真冬、さぞかし寒かったのでは、と思いますが、「水をかぶった瞬間、身体がカ〜ッと熱くなるんや」と久一さん。「うちみたいに山水を引いた水場がある家はええけど、水場のあらへん家は裏の沢まで水をかけに行ってたみたいや。大変やったと思う」とも。

トイレに行った後も禊をしなければならなかったようで、「茂夫さんがお宮さんの水場で真っ裸になって水をかぶっているのを見て、おっさん何してるんやろう、って思ってたけど、禊をしていたんやなぁ」と美佐夫さんが言っていました。

ところで、昔の（古い）カリヤ（社務所）は、現在のものより大きくて、隙間から雪が舞い込んでくるような建物だったそうです。中には大きな囲炉裏が三つあり、一つは「男の座」下座に「女の座」があり、女は「男の座」（上）の方へ行くことはできません。寝るところにもう一つ「囲炉裏やぐら」があって、宿泊時はそこに布団をかけて寝ていました。

囲炉裏にくべる木は、春、こうぞんさんと宮司さんの二人で、芽吹くまでに村山で1m50cmぐらいに木を伐っておき、冬にそれを落として薪《まき》として使ったそうです。

神主のもう一つの大事な仕事として、お盆前後に宮司さんと、御殿で預かっていた「大般若《だいはんにゃ》波羅蜜多経《はらみったきょう》」をすべて広げて「虫干し」をして樟脳《しょうのう》を入れ替えていました。

このお経は、「昔、焼き討ちにあった時に、お坊さんが逃れて運んできたもので、思子淵さんにお泊めした時に置いて行ったのを、大事に保管していた」ものだそうです。このお経、室町時代中期にはすでに小川に存在していたそうですが、朽木の民俗資料館に預けたので、もうこの仕事はしなくてよくなりました。

民俗資料館に小川の方々と見学に行く機会がありましたが、木箱に入れられた巻物が600巻、よくこれだけの宝物を何百年もの間虫のつかない状態で守ってこられたものだ、と感心いたしました。なお、このお経は高島市有形文化財（書跡）に指定されています。

朽木小川では、こうぞんさんを務める男性も高齢化し、新しく加わる者もいなくなりました。そこで、2019年（令和元）から、こうぞんと宮司をなくし、「宮守《みやもり》組」として、3軒の家でグループを作り、その中から代表を決め、お宮事はその「宮守組」がすべて行う、というように簡略化することになりました。また、お祭りも春だけ総参りとして、秋のお祭りは宮掃除《そうじ》だけ行う、ということに決まり、それも「いつまで続けられるんやろう……」と、不安が絶えません。それでも、自分たちが続けられる限りはしこぶちさんを守っていこう、という気持ちは持ち続けている小川の皆さんです。

# しこぶちさんのお祭り

しこぶちさんのお祭りは、6月20日と10月20日の年2回。

6月には前日から男衆総出で幟《のぼり》を立て、20日朝から男衆だけのお参りと宴会が持たれます。女性は個々にお参りするだけです。お参りでは朽木神主さんに、こうぞんさんと一緒に御殿に上がって祝詞を上げていただきます。

昔は、針畑だけでなく、お隣の京都市左京区久多集落や今津町椋川《むくがわ》などの親戚(嫁入りした)の方々も招待し、お祝いしていたそうで、女性はそのお接待をするので忙しかったようです。また、女性が忙しかったからか、鯖寿司《さばずし》や巻き寿司などのお寿司は旦那さんが作っていたそうです。

ところが、「うちの旦那はお寿司、作ってくれへんかった。お舅《しゅうと》さんは作っていて、2〜3回は頼んで作ってもらったかなぁ……ほんでも、そういつまでも頼むわけいかへんし。仕方ないから私が作り始めたんやけど、その頃からどこの家でも女が寿司も作るようになったんちゃうか。郵便屋さんも作ってたから、奥さんはお寿司、作ったことないやろう」と智恵子さん。恵美子さんも「うちのおとうさんは祭りやほら、運動会なんかの時にもお寿司、作ってくれたで。ほんでもなぁ、うちが巻きずしの具なんかは炊いたりして準備してたんや。ほんで、1回うちが作ったら、それからは作ってくれんようになった。なんぼ頼んでも作ってくれんのやもん。うち、しまったこと、したなぁって、思ったわ」「うちのんは毎年50匹、鯖を漬けてたで。なれずしや」とはオシンさん。

久多集落のお祭り(こちらも「しこぶちさん」です)には、小川に嫁に来た方々も実家に招待されたということ。また、人口が多かったころには、お祭りにも「屋台が来ていたよ」ということで、お宮さんも賑やかだったことでしょう。

また、6月のお祭りには、伊勢神楽《いせかぐら》(獅子《しし》舞《まい》)が、針畑の大宮神社を皮切りに針畑筋の各集落を回ります。朽木小川にお神楽が来るのは21日。「昔はしこぶちさんでも、お神楽挙げてもらったこと、あるんやで。今は家を回っても

しこぶちさんに向かう伊勢大神楽の一行

らうだけやけど」

２００２年（平成14）６月、ちょうど日曜日だったのか、私は小川にいました。庭に出ていて、「ピーヒョロロ……」という笛の音に気づき、榊とその音のする久一さんの家のほうに行ってみて、庭先回りをしている獅子舞を見つけました。「まだ獅子舞が回ってきているんだ!!」というのが、大きな感動でした。その後、「うちにも回ってきてほしい」とお願いして、我が家の庭先でも獅子舞を舞ってもらえるようになりました。

10月20日の秋祭りでは、幟は立てません。そして、お参りは「総参り」と言って、時間を決め、男女一緒にお参りをしてからカリヤで宴席が開かれます。以前は区長さんの奥さんが中心となって、「はれび」のご馳走《ちそう》を持ち寄っていたそうですが、榊が住み始めた頃は区長さんが出前などを手配するようになりました。住民がどんどん高齢化する影響ですかね。

２０００年の年末、雪の量の多さを知っていたので、車と家が雪に埋もれるのは心配、と榊は大阪から朽木小川に移住をしました。私は大阪の家に住み、週末になると京阪電鉄の出町柳《でまちやなぎ》駅まで来て、榊が迎えにくることになっていました。

翌年の10月20日、氏神様・「しこぶちさん」の秋祭りの日です。私たちはまだその日が秋祭り日だとは知りませんでした。その日、榊は山の案内の仕事が入っていたため、迎えに来れません。私は土曜で半日の勤務が終わってから、出町柳駅に。15時前の朽木市場行きのバスに乗って、「梅の木」で村営バス（当時）に乗り換えて家まで帰ってきました。（当時はまだ京都バスが毎日朝と15時前、朽木市場までのバスを運行していました。）

家に着いたのは4時半ごろだったでしょうか。榊はまだ帰っていなくて、私は鍵を持っていなかったので、家の外でケンケンなどをして体を温めながら待っていました。通りかかった和子さんが、そんな私を見て、「寒くなったネ

〜。外で待っていたら風邪ひくよ。今日はしこぶちさんのお祭りで、小川のみんなでお参りして、カリヤに集まるから、一緒に来たら」と誘ってくださいました。遅れて帰ってきた榊ともども、遠慮なくお邪魔させていただいたのが私たちの「しこぶちさんデビュー」でした。在所の皆さんが「よく来たね」と温かく迎えてくださったのが忘れられません。

「しこぶち」さんのお参りでは、まず手を清め、御殿前に上り、賽銭《さいせん》をあげてお参りします。その後、カリヤに入り、まずは掛《か》け軸《じく》の前に座るこうぞんさん、それから宮司さん、そして先に来られている皆さんに挨拶をします。その後、年齢順に座ります。

初めて参加した榊は、年齢を聞かれ、「ここ、ここ」と座席を勧められました。年齢順に座るのが決まりのようです。女性は男性陣の下座で、特に席順は厳しくないようでした。

こうぞんさんが御殿に祀ってあったお神酒を下してきて、宮司さんが盃《さかずき》を皆さんに回した後、お神酒を注いで回ります。それから宴会が始まるのですが、初めて参加した私は、在所の方もよく知らないのと、年配の方々の言葉が聞き取れないこともあり、すっかり緊張していました。

榊が朽木小川に住みだしてもう20年近くになりますが、お祭りに参加する人数が少しずつ減っているのが、寂しい限りです。

4

# こうぞん餅、ふく餅、あか餅

しこぶちさんさんにお正月に供える鏡餅を「こうぞん餅」と言い、正月前に神主（こうぞん）さんの家で宮司（みやじ）さんの奥さんが手伝いに行って作っていました。大きな白いお鏡の上に小さい丸餅を5個重ねたのを3組乗せて、その上に小豆《あずき》（の汁）を入れて作った「ふく餅」を乗せていたそうです。

思子淵神社には覆い屋の中に五つの社が安置されています。「こうぞん餅」はその5社それぞれにお供えされました。正月三が日が過ぎると、神主の家に持って帰り、7日、切り分けて集落全部の家に「御供配り《ごくばり》」と言って、神主の奥さんが配られたそうです。その時、「ふく餅」を切り分けた後に残った切れ端を入れた「あか餅」を作り、これは親戚だけに配られたようです。

「こうぞん餅」は、12月20日にこうぞんさんが搗くんや。神主の餅はみんなより先に作る。こうぞんさんが餅搗いてから、われわれ庶民《しょみん》が餅を作れるんや。みやじさんが手伝いに来てくれて作るのが決まっとった。そのあとにみんなは家の餅を搗くんや。それより前についたらあかん。そういうしきたりがあったんや。

作った「こうぞん餅」は家に置いといておおとし（大歳・大晦日）にお宮さんに持っていって供えるんや。五つ社《やしろ》があるからそれぞれお盆に乗せて供える。

「こうぞん餅」は丸い大きな餅の上にちっちゃいお餅を五つ重ねたやつを三つ乗せてその上に「ふく餅」っていうて、小豆の汁を入れて搗いた餅を乗せるんや。重ねる小餅は初めに五つ積んどくとええんや。乾かしたら固うなるさかいに……コロンコロン落ちるさかいに。「ふく餅」の上にお宮さん用はユズを載せて、われわれの家はミカンを載せて供える。

「ふく餅」は赤いから、紅白のお祝いで乗せるんやろうかと、うち、思うてる。

「ふく餅」はな、お正月のお宮さんのお餅作る時に、作るんや。鏡（餅）を作ってな、

こうぞん餅（いしわきかず画）

ほして小さい餅を80個作るんや。鏡の上に（小さい餅を）五つずつを三つ乗せてな、ほんでその上に「ふく餅」いうてな、小豆いれた餅をチョンと置いてその上におみかんやら柿（干し柿）を乗せて、そして、拝むんや。お鏡さん、これぐらい（直径15㎝ぐらい）あるやろう、そして、五つ餅を三つ、乗せるやろう、ほしてその上に「ふく餅」のせるやろう、そりゃぁ、おみかんや柿も乗るわな。

お餅は家でするんやけんど、おおとしにこ（かりや・社務所）に持って来るんや。それをな、毎日3日間、（こうぞんさんが）お宮さんにこもったやろう、それ（こうぞん餅）を夜下げて、朝またそれを供えるんや。そしたらなぁ、ちいっちゃいやつ、落ちることもあるやろう。ほしたらな、ちいっちゃいやつ、ちょっと余分につくっとかんと、地べた落ちたやつ、また乗せるわけいかんやろう。それを、うちら余分に10個ほど作っといた。

そんで、神主の餅つきちゅうたら、宮司さんの奥さんが手伝いに行ってな、二人でするん決まってた。うちら、オシンさんとこらぁ、手伝いに行ったら、犬がおってな、前掛けの裾、かまれた。そら、美佐男さんらぁ、「こうぞん餅」は知らんやろう。

「こうぞん餅」やら「ふく餅」っちゅうて、作って、それは3日にそれを下げて、持って帰ってくるんや。ほって、それを切って、ちいちゃい丸こいのに、ちいちゃい四角い切ったの（お鏡とふく餅）二つ乗せてその上に丸いちいちゃいのを乗せて、それをわざわざ藁《わら》でくくってな、それを「御供《ごく》配り」ちゅうてな、七日の日に決まってて、七日の日に配るんや。

ほんでな、四角に切ったら、端できるやろう、その端も、今度また米洗っといて、端を一緒に蒸して、餅したことある。「あか餅」とかいうて、それを親戚に配った。うちらぁ、平良（の親戚）にも配ったんやで。

「御供配り」は大きなお櫃《ひつ》でみんな負《お》うて（背負って）配るんや、重たかったで。七日に配るん決まっとったもん。重たかったわぁ。ほしてな、みんな、お返しや、いうて、お米やら、おミカンやら、リンゴや、お菓子やいうてくれるやろう。みんな負うて持って帰らんとあかんやろう、重たかったで、ほんまに。

「こうぞん餅」は12月25日かそこらへんの、日柄のいい日に作る。仏滅やったら日をずらすんや。「こうぞん餅」は3日まで供えといて、3日の日の暮れにこうぞんさんが御殿から下げてくるやろう、それを若い人が取りに行ってこうぞんの家まで持って来るんや。それを神主が切って7日朝に配るって決まってた。

御供配りは、大きな鏡餅を切り分けて、2段にして、その上に小餅を3個ずつぐらい乗せて藁で束ねて、全部の家に配れるようにしたで。家族の多い家にはくくったのを3個とか、みんなが食べられるように配ったんや。

それと、7日の朝は「あか餅」をついて親類に配ったんや。朝、まず餅つきやったで。「ふく餅」の（切り）残ったのを一緒に蒸して搗いたんや。それを小さい鏡にして。それは親戚の家に配った。

集落全部の家に配るのも、親戚だけに配るのも一緒に負うて回ったんや。楕円形《だえんけい》のこれぐらいの（腕で大きな丸を作って）お櫃があって、どこの家にもあって、それに配るお餅をみんな入れて、そのお櫃を負うて回ったで。床鍋《とこなべ》からしんのじょうまでやで。ほんで7日の朝いうたら荒れるに決まっとった。（天候が）荒れる中、嫁が羽織《はおり》を着て配る餅をみな負うて配ったんや。そのお櫃は、子供が生まれたら、（嫁の）実家がそのお櫃いっぱいに餅を入れてお祝いに持って来るんに使ってたんや。

「こうぞん餅」について知っている数人に聞きました。遠い昔、数回しか作ったことがないので、それぞれ少しずつ違いがあり、そのまま記録しました。

ところで、「こうぞんもち」のイラストを見た多津子さん、「こんな色の餅は乗せへんやったで。それに、昆布がたりん。こうぞん餅を御供配りするときに、切り残った餅に小豆を入れて一緒に搗いた餅は配ったんや」と。千恵子さんも「色の餅は乗せへんやったで」と言います。恵美子さんとフジさんは「小豆入れて搗いた餅を乗せたで」と言っています。おしんさんに聞くと「うち、よう覚えとらんわ。上に乗せたんは白かったたん違うかなぁ」と。昭和一桁《ひとけた》生まれの二人が「こうぞん餅」を作った頃はまだ赤いお餅を乗せていたということでしょうか。それを聞こうにも、もう同年代の方はいません。

今、小川では、1月2日にお寺に方丈《ほうじょう》さん（曹洞宗における住職のこと）が来られ、皆さんで新年の挨拶をされます。集落の方は皆さんお寺に集合され、そのあとお鏡を切り分けられるようで、そのお裾《すそ》分けを我が家も毎年いただいています。

5

# ホシの鏡餅

昨日。お寺で、各家が鏡餅をお供えするんですが……珍しい鏡餅が、「おっぱい鏡餅」思わずデジカメショットを。

長崎も妻の実家も大阪でも、鏡餅は丸い大小の餅を重ねたのです。そうそう、お宮さん・思子淵神社に供えた餅を、氏子神主・コウゾンさんが切り分けたのをいただいたのですが、丸い大小の餅でしたネ。

（集会所の）長い掃除から帰った妻に「鏡餅のこと聞いた？」と言うと……あの鏡餅は、床の間に正月に飾る餅で、鏡餅用に丸めた大きな餅の上に、千切った餅を丸めないでのせるとのこと。この辺りでは、どの家でもと。デジカメショットをした餅、のせる餅がチョイ小さくて……あんなカワイイ鏡餅になりましたかネ。

（2019年1月3日　ブログ「朽木小川より　iti　のデジカメ日記」より）

今まで3日にしていた初普請《はつぶしん》と初集会を2日午後に変更しました。その初集会の片付けに3日、女性が集まり、そこで2日のお寺参りの時の鏡餅のことを聞きました。

「しんのじょうの家の鏡餅は、大きな餅の上に小っちゃな丸めてない餅が乗っていたそうなんやけど、小川ではみんなそんな鏡餅なん？」と聞くと、「ホシか？そうやで。座敷の氏神様に供えるんや」と。チョンと乗せる、ちぎっただけで丸めない小さな餅を「ホシ」と言うようです。「どんだけ餅（お鏡）があるか見て、ホシをチョン、チョンってちぎって置くんや。昔は大きいのんしたんやで。この頃は食べるんかなわんさかい小さいけんど」と恵美子さん。お鏡を作るとき、床の間の氏神様、仏様、大黒さん、台所など、まず鏡餅を置く数だけ大きな鏡餅を作って、その上に餅をちぎって載せていたそうです。

床の間と、座敷の（伊勢大明神《だいみょうじん》の）掛け軸してあるやろう……掛け軸の前に供えもんとお神酒、それとその餅を置いとく。ほんで魚

しんのじょうのホシの鏡餅

は絶対鯛《たい》や。焼かへん。

　昔はなぁ、３日供えてあったんやけど、ことしらぁおおかたもう１日で下げてきた。そやかてて、おとみょう（お灯明《とうみょう》）上げるやろう。そんで暖かいから、腐るから下してきた。その鯛も刃物入れたらあかんの。神様に備えるのんは絶対刃物入れたらあかんの。ほんでな、おなかぬくのんでもな、ほら、鰓あるやろう。そっから手を入れてな、そって新しいとな、鰓からスーッとおなかぬけるんや。古いとな、なかなかおなか抜けへんねん。ほんで手入れてグッグッグッとして、おなか抜くねん。ほんでそのおなかにチョッと塩しとくんや。

　あとは栗と柿（干し柿）とこぶ、お餅とミカンと。栗は柴栗を拾ってきてな、湯がいて、数珠《じゅず》にしたんや。針に糸さして、ほって（栗の）真ん中にさして、このぐらい(指を丸めて)の輪にして、数珠にした。それをチョンとお餅の上に置いて、ほしてその上におみかんを置くと、ほっとほら、滑《すべ》らへんやろう。数珠にしたのは干さへん。置いといたら固うなるやろう。ホシは小さいからミカンと一緒に載せられるやろ。

後日、ホシの鏡餅を他にどんなところにお供えしていたかも聞きました。

正月のお供えか？　お鏡を座敷の掛け軸のとこやろう、愛宕さんやろう、大釜さん……オクドさんや。サンボクオジイサンやろう……囲炉裏の神さんや、オクドさんの横に祀る。こうじんさんに鎮守《ちんじゅ》さん……よう覚えとらんけど、神さん六つに仏さん六つや。山の神様にも、それぞれ餅を供えたで。オクドさんは蓋《ふた》の上に供えた。

正月には、山の道具や学校の道具も座敷の床の間に供えてロウソク立てて拝んだわ。蔵にも祠のようなもんがあって、しめ縄して参ってた。

バケツにしめ縄しておおとし（大晦日）に置いといて、元旦朝最初に迎えに行くんや。水を汲《く》みにいくんや。「水迎え」言うんや。水迎えして、正月一番には豆幹《まめがら》でおくどさんの火を点けるんや。

久多では1月1日は男の人が先に起きて水迎えに行って、女は雑煮《ぞうに》が炊けるまで寝ていてよかったそうやで。

お祝いに鯛を出すけど「睨《にら》み鯛」いうて食べへんねん。芋の「カシラ」と餅をその家を継ぐ者(跡取り)だけに出してた。「かしら餅」言うんや。

お正月の煮しめは主婦がお正月忙しく働かなくてもいいように、と聞いたことがありますが、久多の慣わしは、主婦が大晦日夜遅くまで家事をしていたからの気遣《きづか》いなのでしょうか。お祭りの時に「寿司は男が作っとった」とも聞きましたが、少し羨《うらや》ましい慣わしですね。

# 2

# 講

冬のはたご橋　この年は積雪がなかった

## 1 講

「昔は講《こう》がいろいろあって、しょっちゅう家にお客さんが集まってたで。お接待はたいへんやったわ」と女性軍は言います。「当番が二つ重なって、二日続けて当番した時なんか、ほんとたいへんやったわぁ」とも。「講って？」「伊勢講や庚申《こうしん》講や山《やま》の口《くち》講なんかかや」

「一年中しょっちゅう講があったで。ぐるっと回ってくると、掃除もできてええ。お客さん来るから、いうて」とは久一さん。

以前はいろいろな講があって、その日は当番の家に集まり、お経をあげて、その後お酒を飲む会を行っていたそうです。

また、小川では正月に、愛宕二人・お伊勢さん二人・比叡山根本中堂《こんぽんちゅうどう》二人の計6名、その年のお参りする当番を決めていたそうです。お伊勢参りは10月20日お祭りまでにお伊勢さんに参って御札をいただき、配っていました。

私の家は、父が分家したのと、私が小学生の頃、引っ越しをして、在所が変わったので、仏事や講などを家で行うことはなく、「講」はまったく知りません。

## 2 ついたち講、伊勢講

「前は毎月、ついたち講でも家回りしとったんや。『天照大御神《あまてらすおおみかみ》』の掛け軸がどこの家にもある。お伊勢さんやもん。思子淵さんはお札だけや。氏神様や。床の間の掛け軸の下に台があって、ちょっとした社があるで。早うもろうたやつ（お札）はそこに入れてある」

「昔はそこでお講したからなぁ、その前で。ついたち講をしたのんはそこやわ。そこで祝詞あげたんや。昔は伊勢講言うたわな」

「ついたちは、塩鯖《しおさば》を水炊きして、それを二つお皿に入れて、それが尾頭付きやわ。あとは宮さんでしとったわ。家回りが嫌になって、宮さんに持って行ってしたんやわ。宮さんは鯖だけやったわなぁ。鯖2本、酒の肴《さかな》やわ。大きい皿に乗せて。あの鯖はうまかったなぁ。（水炊きしてから）あげるんかなわんさかい、わたしらぁ、竹皮敷いて炊いたわ。竹皮持ってあげるんや」

「こうぞんさんは、（ついたち講では）前の日に（つもごりで）お宮さんに泊まって朝お参りして、家に帰ってきて仕事して、ほんで

オカトラノオの花

また「しろこ」（15ページ写真参照）着てお講に行ってたんやわ。次の日はまた仕事いかんとあかんから。毎月順番に家でするのはたいへんやったなぁ。大師《だいし》講（11月24日）や山の口講は掛け軸なんもなかったなぁ」

「昔は毎年、お伊勢さんに代表を出してたんや。ほって、代表はお伊勢参りをしてくるんや。お伊勢さんでお札をもらってきて、みんなに配ってたで」

「ついたち講」では各家を順番に回っていましたが、住民の高齢化とともに、お宮（思子淵神社）に集まるようになり、そのうちお伊勢さんに行くこともなくなり、ついたち講も行われなくなったようです。

3

# 庚申講

「庚申《こうしん》講」と言って、庚申の日にも講をしていたそうです。「庚申の日」は60日に1回はめぐってくるので、1年に6～7回行われました。（庚申講は1月最初の庚申の日と11月か12月の最後の庚申の日、2回やったで、とも。時代によって回数が減っていったのでしょうか。）「しこぶちさん」から下の床鍋の方に向かって行くと、杉林の中に今でも「庚申塚」がひっそりと佇《たたず》んでいます。庚申講の日は、この塚の前に集まり、「しんぎょう」をあげていました。

「庚申さんはお猿さんを祀《まつ》ってるんやで。庚申講は1年に6回。7庚申があるときもある。日でいくから(暦の庚申の日に、講を行っていた)。最後の庚申の日が12月の庚申《かのえさる》の日やわ」

「庚申塚は床鍋の手前の杉林の所と、今は（盗まれて）ないけど、しんのじょうの向こう側とあって、両方しんぎょうあげて参って、それから当番の家の神さんにもしんぎょうあげて参ったんや。方丈《ほうじょう》さんも来て、こうぞんと二人前に並んでしんぎょうをあげてたで。それで12時になったら、方丈さんは帰るんやけど、他の人はもっといてたなぁ」

「庚申さんの講はおはぎを作る。当番のところには男衆が集まって、参ったあと、おはぎ食べてお酒飲むんや。お酒のあて、作ったかなぁ……昔のことやし、お講のことやし。うちら、女はするほうやし、食べるのは男のほうやし。よその家には行かへんし、聞いたかてなんでもええって言うしなぁ。よう覚えてへんわ。12月と1月の庚申さんの日は家でもおはぎをこしらえて神さんに供えたで」

「昔はそこ（天照大御神の掛け軸の所）に巻きもんがあったやろう、小さい巻きもんが。その時、小さい巻きもんがあったわな。どこに行ったんやろう？」

「ほんまや、どこの家にいったんやろう？小ぶりな掛け軸があったんや。それを入れた小ぶりな箱が。どこ行ったんやろう？その箱を、当番の家に回してたんや」

県道脇の杉林にひっそりと残された庚申塚

「庚申さんの時にはその掛け軸をかけて、こうぞんさんと方丈さんとが拝んで。こうぞんさんはしろこ着てきたんや。昔、藤原ぼんさんがおったときやわ」

庚申の夜に眠ると、人間の体内にすむ3匹の虫が抜け出してしまい早死にするという中国の道教の説に基づき、この日は徹夜で寝なかったのだそうです。小川でもそうだったのでしょう。また、庚申講で使用する小さい掛け軸があったそうですが、いつの間にかなくなったようで、講をしなくなってからは掛け軸があったことも忘れられていったようです。

なお、最後の発言に出てくる「藤原ぼんさん」とは、以前いらっしゃった藤原という姓の方丈さんのことです。

4

# 大師講

「11月23日～24日に、『大師講《だいし》』って言うて、嫁が親元に1週間帰る風習があったんや。実家に帰って、1週間もしないで婚家に帰ると、もう帰ってきたんか、食べる米がなかったんか、と言われた」と久多から嫁に来たフジさん。

「うちら、在所《ざいしょ》（小川のこと）から嫁に来たし、兄嫁も同じ在所からやったから、二人ともお互い実家に帰ったりすることはなかった」と智恵子さん。

「大師講は11月24日、当番の家がおうどん作って出してたわなぁ。粉から作るんやないで。乾麺のうどんを茹《ゆ》でるんや」「大師講はうどんやわ」と皆さん

大師講の「大師」は、元三《がんざん》大師（良源《りょうげん》）や弘《こう》法《ぼう》大師（空海《くうかい》）などを意味します。旧暦の11月23日、冬至《とうじ》の行事で、行っているところでは小豆粥《あずきがゆ》を食べたそうです。小川では新暦の11月23日に大師講を行い、12月の冬至の日には各家で小豆粥を食べていました。

冬至には小豆粥を作るんや。あずきとご飯（お米）と団子で作ったお粥、団子ちゅうのは、〝しんこ〟ちゅうんや。米粉で細長い団子こしらえてな、思子淵さんのいかだにちなんで作ったんや。冬至の日にそのお粥食べてた。おばあさんが「いかだに乗ってはまった（水に落ちた）時、その長い団子（櫂《かい》）につかまってあがるから、大きい団子作れ」ちゅうて大きい団子を入れてた。冬至に食べたんや。

小川では、いつのまにか冬至の小豆粥は「お大師さん」ではなく、「しこぶちさん」にちなんで作る、と言われるようになったようです。

恵美子さんは、お粥が大嫌いで、「冬至の粥はほんま、嫌やった」と。智恵子さんは「米粉やなぁて、小麦粉で団子してたで」とも。

5

# 山の口講

「山の口講は、1月と11月の5日。その日にははたき餅をはたいて、みんなお供えするんや」

「（戸谷の集会所の奥にある）山の口のお社はうちのおとっつぁんが作ったんや。うちのおとっつぁんはもともと（北隣の）平良《へら》の人やったから、ここの山の人の仲間やなかったから、うちのおとっつぁんが社こしらえて、仲間入りさせてもらった」

「山の口講の仲間っちゅうのんは、大川《おお》（針畑川）の橋、渡らへんのや。その間。あの山の口はここらだけや」

「山の口講ん時にははたき餅ぎょうさんこしらえて笹《ささ》に包んで蒸して、平良の親戚にも配ったわな。お宮さんにも持って参った」

「神主も山の口（講）には宮さんにはたき餅、持って参ってた。ようけはたいたんやで」

「山の口講」は、針畑川の橋と橋の間の在所がグループとなり、講を行っていたそうです。それぞれの山際のどこかに、山の神様をお祀りする「山の口」（山の神さん）のお社があって、そのお社に講の日には「はたき餅」をお供えしていました。

針畑は山仕事で生計を立てていたため、山の神様は大事な守り神だったのでしょう。1月は仕事はじめ、11月は仕事納めのけじめだったと思います。

「榊さんの家は〝山越原《やまこしはら》〟いう地所《じしょ》で、そこにも一つ山の口やってたん違うか……確か、お宮さんの谷渡った向こう側にあったんや」

「さんぺえのとこにあったんちがうか。家の山側に」

「床鍋橋を渡ったとこにも山の口、あったんや。松原の山の口はぜんべえの横の谷が大川に流れ込む川端にあった」

「床鍋のさんぺえの下にあった山の口は今のさんぺえの家の下の谷を挟んだ向かいに建て直したんや。床鍋に池を作ったから誰も住まんようになったからなぁ」

久一さんに聞くと、「やながだんの入り口に

戸谷林道入り口にある山の口祠

ある祠は山越原の山の神さんや。床鍋にも山の神さん、あるで。こっちに持ってきたりしてへん」と。茂夫さんにも聞きましたが、やはり「床鍋にもまだ山の神さんの祠はあるで」と言うことなので、榊と見に行きました。すると、床鍋の橋を渡って少し行った先の山際の小高い場所に立派な祠が立っていました。よく見ると県道からも祠が見えます。いつも通っているのに、今までまったく気づきませんでした。

在所に山仕事をする方もいなくなり、住人もどんどん年老いていく中、これらの祠もだんだんと顧《かえり》みられず朽ちていくのでしょうか。

などと思っていたところ、昨日（2020年11月5日）のゲートボールからの帰り道、「大きな忘れもん、しとったわ」と千恵子さん。「何？」と聞くと「今日は山の神さんの日やから、お供えしとけって言われてたんや。それ忘れてた。他の家ではもうしとらんやろうけど、うちはずっと山仕事してたから、山の神さんのお供え、今でもしてるんや」と。「戸谷の山の神さん（の祠）に？」と聞くと、「家の神さんに」どうやら、天照大御神《あまてらすおおみかみ》の掛け軸の所にお供えの「洗い米」を置くそうです。「戸谷では山の神さんの日はどっこもはたき餅、作ってたけど、堂の原では順番回ってきたときだけはたき餅作ったんや。そんで、山の神さんの日には、家の神さんのとこにもお供えしてたんやで」とも。

　どうやら、小川の暮らしの中に山の神様はまだ生きているようです。

# 6

# 愛宕参りと「まんどろ」

京都が近いせいか、愛宕《あたご》さん（愛宕神社）には小川の皆さん、順番に参っていたようです。愛宕さんは「火」の神様だと、皆さんの話から知りました。

「愛宕さんには毎年２人ずつ当番が決まってて、参ったんや。６月の祭りまでには参ったんや。田植えまでに参っとった」

「愛宕さんに参るのは7月の31日違うんか。昔はだいたい、代表の人が毎年順番に参っとったんやわ」

「愛宕さんの命日は11月23日やわ。毎年、うちは11月にあがったわ。命日やさけいにそりゃぁもうにぎやかやわぁ」

「私も1回だけ、孫が2歳の時、負《お》うてあがってきた。愛宕さんは火の神さんやさけなぁ、男の子を2歳の時につれて上がったら火の用心に良いっていうて、連れて参るんや」

「男でも女の子でもええんと違うんか。小川の秋祭りが10月20日にあるやんな。それまでに参らなあかんって言うて、参ったで。だいさん（第3日曜日？）や」

「千日詣《せんにちまいり》ってあるやろう？　一年に一ぺん参ったら1000日参ったご利益があるんやって。それが7月31日やわ。（31日の夜から8月1日の早朝にかけて）。新聞によう載っとる」

「ほんで愛宕さんに参ると、ごっついお札さんもらって、炊事場に祀《まつ》ってあるわなぁ。このごろあんな大きなお札さんないなぁ。ほんで（飾ってあるの）しきびやなぁ。神さんやさかい、さかきかと思ったら、しきびやったわ。愛宕さんは神仏混合やもん、しきびや。そんな寺、ようあるわなぁ。お宮さんもあるなぁ」

「なんやぁ知らんけど、昔はようやったわ」

「火」の神様の話はこれだけでは終わりません。

「治子さんが丁寧に書いたもんくれて、読ましてもろうたけど、〝まんどろ〟は載っとらんやったわ」「〝まんどろ〟って……何？」

「火の用心の神さん、ここらで〝まんどろ〟言うとるけんど、あれ愛宕さんの神さんや。松明《たいまつ》作って村の人がうちの上の山に登るんや」

「多津子さんとこの上の山や」

「山で誰か呼ぶん違うの」

「なんか言うんじゃぞ。叫ぶんや」

「誰がどこで叫ぶんや?」

「なにか祝詞《のりと》とか呼ぶんちゃうの? うちの美佐夫が登った時、おっさんらぁ、おもろいこと言うんやって言うとった」

「ほんで、下りてきてしょうず(多津子さんの家)で祝詞あげて参るんや。ほんで一杯よばれて」

「年に2回あって、うら盆の8月24日と、夏いさみの7月の24日やなぁ。土用の頃。土用に入って5日目や」

「美佐夫君が行っとんやから、ついこの間までやっとったんやわ」

「夏いさみ」というのは他では聞いたことがありませんが、7月24日を針畑ではこう呼ぶそうです。よくわからなかったので、後日久一さんに聞いてみました。

〝万灯籠《まんどうろう》〟や。それをまんどろ言うんや。7月と8月やっとった。しょうずの前の道の上。さくじの墓よりもっと上や。墓の向こうに谷があるやろう、そこを50mほど登ったところや。みんなで松明持って登るんや。夜やない、昼間やったで。集落の出れる家だけやけど、それでも十何人かは集まったわなぁ。

50mほど登ったとこに平なところがあって、お神酒持って上がって、供えるんや。ほんで拝むんや。火の神様や。それから(火に)気ぃつけよ、ということで「お〜い」って、言うんや。冬の「火の用心」みたいなもんやなぁ。集落中に知らせるんや。そいで「お〜い」だけや。3回怒鳴《どな》るんや。それから下りてきてしょうずでまた拝んで、お神酒をいただいたんや。平良でもやっとったんやで。

多津子さんの家から松原橋までの間の山の中腹に開けたところがあって、そこに7月と8月の2回、昼間に皆さん集まり、松明を持って登っていました。お神酒も持って上がり、みんなで拝んだあと、集落に向けて「お～い」と3回怒鳴っていたそうです。そのあと、多津子さんの家でまた拝んで、お神酒をいただいたということです。

茂さんにも「なんて叫んどったん？」と聞くと、やっぱり

お～いだけや。3回。しょうずの座敷の縁側を開けてもらってな、そこで拝んでから松明持って、お酒持って上がるんや。ほんで上からお～いって、怒鳴るんやけど、笑えてくるんや。笑ったらあかんのやけんど笑えるんや。うら盆に、7～8人は集まってたで。結構早くにやめてしもうたけんど。

きっと一番若かった美佐夫さんにも聞きました。

〝まんどろ〟は2回上がったで。上がる前、茂さんが「絶対笑ったらあかんぞ」っちゅうんや。「絶対、笑うなよ」って、何回も言うんや。ほんで、平らなとこに着いたら、みんな急に「お～い！」って叫ぶんや。あれ、愛宕山の方に向かって叫んでたんちゃうかってわし、思うんや。そんなもん、言われてたから笑わへんやったで。松明、持って上がって、上でそれ集めて、火燃やすんやで。下りてきて、しょうずで一杯よばれたわ。毎年、しょうずでするんや。たいへんやで。

多津子さんに「まんどろでお接待するの、たいへんやったやろう？」と聞くと、

そうやで。年2回もや。なんでうちばっかりって思うたわ。夏いさみとうら盆やなぁ。ほんやけんど、お酒は持ってきてくれるし、そんころにはちょうどうりやらまくわうりや

らがそこらへんになっとるさかい、酢のもんなんか作って出せて良かったんや。うちで拝んどったかなんて、知らんわ。うちらぁ、ご馳走づくりせんならんから。

いつからこのようなお宮さん事の決まりや講などが始まったかはわかりません。ただ、奈良時代に安曇川上流から材木を流していたことや、「しこぶちさん」の祠が1371年には作られていることは明らかで、そのころにはこの朽木小川の地に人々の営みがあり、「しこぶちさん」を氏神様として崇《あが》めてきたことは確かです。そして、いまの住民がそうであるように、それぞれの時代時代に応じて人々は柔軟に決まり事を決めてきたのではないでしょうか。

女性は大人数の料理や接待など大変だったでしょうが、これらのお宮さん事や「講」などで、朽木小川は「村」としてのきづなを深めていたのだろうと思われます。

# 3

# 寺事

寂静寺後方にある石塔群　室町時代のものとみられる

# 「てらこ」

朽木小川の〝堂の原（どのはら）〟の一番上に「寂静寺《じゃくじょうじ》」という曹洞宗《そうとうしゅう》のお寺があります。以前は戸谷の川向うの庵の原にあったそうですが、焼失してしまったので、どのはらに移されたそうです。

「寂静寺」は大木戸の川向うにあったんや。大きなお寺やったそうやで。今のお寺はそのころ「お堂」やったんや。「お堂」にしては大きかったんやなぁ。それでここら辺を「堂の原」っちゅうんや。それが、お寺が大火事で焼けてしもうて、それでお堂にお寺を移したんや。新しく建てたん、ちゃうで。お堂をそのまんまお寺にしたんや。いつ頃火事になったんか、知らんわ。わしもそのお寺は見たことない。みんな燃えてしまったけど、ご本尊は焼け残ったんやなぁ、それを今のお寺に移して、50年ごとに御開帳するんや。わしも、50年前のん、見たで。「寂静寺」は位の高いお寺やったそうで、お坊さんが十何人も来て、盛大やったなぁ。門もその時に栗の木で建てたんや。大きな檜《ひのき》の柱をその横に立ててなぁ。もうそろそろ50年になると思うけど、御開帳、できるかなぁ。

そのころは方丈《ほうじょう》さん（ご住職）もおられたそうですが、今は無人で、法事事は朽木岩瀬の興《こう》聖《しょう》寺《じ》の方丈さんにお願いしています。小川の住民は我が家以外、全員曹洞宗です。

寺に行く「てらこ」があったわ。お寺さん来はって拝んでもらって。

「てらこ」は六つあったわな。1月やろう、2月の涅槃会《ねはんえ》、3月は彼岸、4月はおつきようか（8日・お釈迦《しゃか》さんの生まれた日）、8月の裏盆、そして9月のお彼岸と、10月の秋休み（秋祭りの翌日）。あれ？　6回のはずやけんど……6回や（後で3月の彼岸にはてらこはなかったので、6回で間違いなかったとわかりました）。

昔は当番があって、ご飯持って行って、おつゆ炊いて、おかずだけ運んだんや。かなわんかったなぁ。何回運んだかわからん。（松原橋や床鍋橋の向こうから）運ぶのはたいへんやったわなぁ。遠いし、山の上やろう、一輪車に乗せて運んだわ。

出る（お膳《ぜん》をよばれる）のは1軒に一人や。そやけど、旦那が出るのはさじろうのおじぃとさくじのおじぃぐらいのもんやったで。わたしらぁ、おばぁちゃんが行っとったさかい、おじぃが参っとったんは知らん、そんなん。普通の時はおばぁちゃんが、寺ばぁみたいにして、掃除したり、火炊いたり、みんなしとったからなぁ。当番時だけ来い、いうてなぁ、いたのは覚えとるで。

運ぶのたいへんやさかい、当番なしにしようって言って、みんな一鉢ずつ持ち寄るようにしたんや。

坊さん（方丈さん）は、小川のお寺には昭和50(1975)年ぐらいまでいてはったんや。

おばぁさんが出席していたため、今のメンバーはよく知らないまま「てらこ」の決まり事が簡略化していき、高齢化も進み、いつ行っていたかもわからなくなってきています。今は涅槃会（3月に変更）、お花まつり（おつきようか）に女性陣がお寺に集まっています。また、お正月（2日）とお盆の施餓鬼《せがき》にも、これは集落全員がお寺に集まるようです。集まる前には掃除のため集合がかかるのですが、ここでも「お寺に上がるんもいつまでつづけられるんやろう」と不安の声が聞かれます。

2

## 涅槃会の団子

2月15日の涅槃会は、小川のお寺はまだ雪の中で、住職さんがいなくなってからは、お寺までの雪かきもたいへんだから、ということで、いつの頃からか、3月15日に涅槃会をするように変わったそうです。出席するのはほとんど女性です。そして涅槃会の前日には、集会所で女性が集合し、お団子を作ります。手伝いに行って、お団子の話を聞きました。

方丈さん（住職さん）がまだお寺にいた頃は、涅槃会の前には方丈さんが在所の各家から托鉢《たくはつ》でお米を集めて回ったんや。子供が一緒に付いて行って、お米を持って行った袋に入れてもらって、お米を持つお手伝いをするんや。うちの子も方丈さんと一緒に回ってたで。

集めたお米は、うちらおなごが集まって、石臼《いしうす》でひいて粉にして、そんでその粉で団子を作るんや。それぞれ手分けして粉にするもん、粉をこねるもん、団子を作って蒸すもんと手分けしてなぁ。それでも、そんころは人数もぎょうさんおったから、朝だけで全部の家に配れる数のお団子が作れたなぁ。

昔は白ばっかりやったやろう、撒《ま》いたの。ぎょうさん作って撒いたんや。今でも寺に団子入れて撒いたお櫃《ひつ》あるがな。二升櫃《にしょうびつ》や。（小川の）上と下に半分ずつに分かれて作りに行ってたで。うるう米を粉にして団子にした。坊さんの托鉢にするのはうるう米やったわな。

あの団子はうまかったなぁ。あっさりして。ぎょうさんこしらえるさかいに、行って作ったもんらぁは、きな粉つけてよばれたわ。お供えするぶんは供えて、残りをきな粉つけてよばれた。おいしかったで。

方丈さんがいた頃はお米を集めて回り、粉にひいてから丸めて蒸してお団子を作っていたそうです。そして涅槃会に集まった方たちに団子を撒いていました。今は買ってきた粉で赤と青の色粉で淡い色をつけて作り、当日お供えして方丈さんに拝んでいただいた後、全部の家に配

いただいた涅槃会の団子

ります。榊が住み始めた頃から、我が家も毎年お団子をいただいています。

先日（2020年3月15日）の涅槃会で、「前は涅槃団子だけやのうて、花びら団子も作っとったなぁ」という話が。「花びら団子って？」と聞くと、「団子生地を棒状にして割り箸《ばし》3本、間をあけて張り付けて紐《ひも》で巻いて、形を作って、蒸すんや。蒸した後固まってきたら箸をはずして端から切っていくと、花びら状の団子ができるやろう。色粉もいれたで。涅槃会の団子はお櫃に入れて、花びら団子は黒いお盆に乗せて一緒に供えとった。花びら団子は撒かへん」と。

涅槃会も女性だけではできなくなってきたので、この日は集落の全部に寄ってもらうよう声かけされていました。おかげでにぎやかな涅槃会になりました。

## 3 葬式

榊が小川に住み始めた頃（２０００年）、小川ではまだ土葬が行われていました。集落の住民全員が普請のように協力して葬儀を執り行います。棺桶《かんおけ》を作るための材木も準備しておくそうです。縁の遠い人に「おんぼ」（埋葬する穴を掘る役）を頼むそうで、榊も「おんぼ」を頼まれました。２００２年12月、榊はその時のことを記録しています。

11月末に、いつも（我が家の飼い犬の）ゴン太をかわいがってくれた近所のご隠居さんが亡くなりました。小川では、まだ土葬が行なわれ、いつもは街に出ている息子さんたちも帰ってきて一緒に手伝い、住人全員で送ります。

葬式の前日は、棺桶・飾り付けから旗、頭に巻く白い三角の布、わらじなど必要なものは全て作ります。僕も教わりながら、わらじを作りました。女性陣は家人・親族だけでなく、お手伝いしている全員の食事作りです。食事は2日間とも、生ものや揚げ物も関係なく作られ、「晴れの日」の食事と変わりません。

当日は、できるだけ血筋の薄い人がお墓を掘ります（「おんぼ」という）。僕は適任なので、抜擢されました。途中、お酒でも飲みながら、と勧められましたが、ほかの2人とともに、とにかくお昼から始まったお経が終了するまでに掘らないといけないので、必死です。墓地は固い岩盤で石がごろごろして、おまけに古いお骨まで出てきます（50年は同じ場所に埋めないことに決まっている）。せっかく掘ったのに、土がなだれ落ちることもありましたが、なんとか間に合い、3人で棺桶を担ぎます。

家を出た棺桶は読経のなか、軒先でまわし、出棺。家人は、頭に昨日作った白い三角をつけ、わらじをはいて後に続きます。その後を全員が続きます。お墓は家のすぐ裏の山際でした。棺桶を埋めて、使用した飾りなども全て一緒に埋葬し、最後に石を置き、墓石にします。

家人はわらじを河原に脱ぎ捨て、家に帰り

ます。墓の上に木で三又《みつまた》を組み、墓掘りに使用した道具類を懸けておきます。四十九日が過ぎるまでそのままにしておくそうです。

　僕たち3人は、お風呂に入れていただき、（昔は、汚れるので、亡くなった方の普段着を借りてお墓を掘ったそうです）お風呂上りに大豆を1粒のせた平たい餅をいただきました。精進《しょうじん》落としの席では、3人は一番上座でいただきました。その後、婦人たち全員が念仏を唱え、鐘の音とともに余韻《よいん》を残します。

　葬儀は、普請というかたちで執り行われます。一緒に住んでいる皆で協力して送る、暖かさを感じました。後で、「脱ぎ捨てたわらじを踏むと、足が達者になる」と地元の方に聞き、踏んでおきました。

小川で土葬が行われたのはこれが最後でした。葬式普請を頼もうにも住人の人数も少なくなり、高齢化も進んでいるためでしょう。

## 葬式団子

　葬式の時には玄米を挽《ひ》いて粉にして、6個団子を作って（黒団子）おやつの布袋に入れて、お弁当として持って行かせてた。挽く機械があったんで、トモちゃんがいつも粉にしてくれとった。

　ほんで、葬式ん時、米粉で餅を作って、上に炒《い》った大豆を乗せて厄除《やくよ》けで埋葬から戻ってきた人に食べてもろうてたなぁ。葬式では全部逆さにせんとあかんさけぇ、鍋に大豆を入れて、その上に炭の熾《おき》を入れて炒っとった。

榊が「おんぼ」をした時にいただいたお餅、「黒い大豆やと思うんやけど、それが乗せてあって、お餅やと思うんやけど……」と。榊は、米粉から作ったお餅を食べたのはきっと初めてでした。

## 5 かさ餅

忌明《きあ》け（49日）ん時、「かさ餅」作って、お参りに来てくれた人に持って帰ってもらってた。一臼《ひとうす》の餅で、かぶせる餅を取っといて、残りで小餅49個作って、その上に取っといた餅を平たくしてかぶせるんや。乾燥したら、上の餅が波打っているから「かさ餅」って言うとった。小川では、上の餅も切って、中の餅と一緒に参拝してくれた人に配って持って帰ってもらったんや。

そんな話を聞いていたので、とこなべのおばぁちゃん（享年《きょうねん》108）の四十九日のあと、忌明けのお裾《すそ》分けをいただいた中に白い波打ったお餅と四角く切られたお餅が入っていたのを見て、すぐに「かさ餅」とわかりました。6月のお祭りのとき恵美子さんに「あれ、かさ餅やろう?」と聞くと、次のような話をしてくれました。

そうや、「かさ餅」言うて、忌明けの餅や。忌明けの餅は一臼っだけ。そんでな、お正月の時でも普通の餅を一臼だけの餅はせんのや。忌明けの餅だけ、一臼だけなんや。それで49個作るんや。小さいやつや大きいやつやいろいろあるんや、おんなしやあらへん。普通の時はなぁ、お餅切る時（丸めるために切る時）数えたらアカン、いうんや。忌明けの時には、「一つ、二つ」いうて、49数えて作るんや。

49個できたらな、大きな箕《み》があるやろ、それをちゃんと洗うといて、それに49並べて、残った分（餅）をひらた〜くかぶせるんや。ほって、それを供えといて、あくる日その平たい傘の餅を、一升枡《いっしょうます》あるやろう、それを伏《ふ》せてな、それの底に乗せて切るんや。そんで、(忌明けの餅は)「常《つね》にせんことをする」言うんや。

そのお餅は一人でしたらアカンのや。二人でせんとアカン。もうそんなこと、これからはせやへんわ。多津子さん、「どうしよう、もうやめとこか、しょうか、どうしょう」言うけんど、「もうおばぁさん、そこまで長生きしたし、多津子さんもようせん年やないし、常から（餅造り）しとんやさけぇ、おばぁさん、もう最後やと思うて、したれや」言うたら、そんならしようかな、言うて、多津子さんと早苗ちゃんとで作ったんやって。そしたら、早苗ちゃん、「何や、このおもしろい餅は？」って言うたから「おもしろい餅やさけぇ、忌明けの餅言うんや」って言うたんやって。

ほんで、普通はきれいにするんやけんど、もう忌明けの餅はどんな餅でもええんや。三角になっとろうが、四角になっとろうが、丸うなっとろうが、どうなっとろうが、チョンと置いても。ほんで、「こんなおかしな餅はなんや、忌明けの餅やな」ってよう言うさけえな。古屋の方でも、みんなしたで。ここらへんはみんなしてたわ。

ほんでな、それまでに、餅を搗いたらあかんねん。忌明けまでに、臼を使ったらあかんのや。亡くなった家では、忌明けまではしたらあかんのや。

忌明けまではその家ではお餅を作ってはいけないそうです。また、忌明けの餅は「常にしないことをする」ため、数を数えて作ったり、どんな形になってもいいし、切るのも一升枡の底で切るということです。家でこんなお餅を作ることもだんだんとしなくなっていくのでしょう。

6

# お盆と川原仏

小川に住み始めてまだ何年も経たない頃のお盆のことです。その頃お盆は私の実家に帰ることが多かったのですが、その年はなぜだか、朽木にいました。二人、散歩でブラブラしていて、川原に珍しいものを発見しました。早速デジカメショットをする榊。

川原の川際に6体の石を立てたお地蔵様が祀られていたのです。野菜や果物などのお供えものも供えられています。そんな島がいくつか川原に作られていました。

さんぺえのおばちゃんの初盆の年、利治さんが川原でスコップを持って何か作っています。ちょうど車で通りかかった私たち、「あっ、六体地蔵作ってる！」と覗《のぞ》きに行きました。「初盆やさけぇ、作っておけって、あにぃに言われたんや」と利治さん。

手前に水の流れを和らげるために、頃合の大きな石を置きます。それから、川岸から少し離れたところに、四角くなるように石を置き、そこに砂利《じゃり》を入れ、川岸に石を渡し、仕上げは細かい砂で均《なら》します。その上に、河原の石で6個の地蔵さんを作ります。花や野菜などの供養物をかざり、お精霊《しょうらい》送りを。

川の中に土を盛って島を作るのは難しそうです。しかも、6体もお地蔵様やお供えを並べないといけないので、結構広い地面が必要です。また、そこに石を渡して橋を架けないといけません。川の水が流れる中、悪戦苦闘の利治さんでした。

智恵子さんと恵美子さんに「お盆に川原に六体地蔵っていうの？なんか、作ってたやろう？」と聞くと。

川原仏《かわらぼとけ》か？そうや、お盆に川原仏作って、ご先祖様を送るんやで。お精霊送り言うんや。どこの家でも、お盆には作ったわなぁ。初盆だけやあらへん。毎年やで。

14日に川原に作っとく。15日にお供えもんして15日の夜12時過ぎたら流すんや。昔は真夜中流しに行ったみたいやけど、その時の都

さんぺえの川原仏

合で早めに流したり、16日の朝早くに流したりしたわ。流すんはお供えやで。石はそのまま置いといたら、勝手に崩れていくやろう。

作るんは昔は男の仕事やったんやろうなぁ。どこの家でも男はおったさかい。そやけどこの頃は女一人の家もあるやろう？　女も作らんとあかんようになったわ。

川の中に島を作って、川原から橋を一つかけて（つないで）、六つ石を立てて仏さんにするんや。お供えするんはナスとキュウリを切って、お団子とあとはお菓子と果物なんかやなぁ。お団子は供えるために作ってたで。食べるためやあらへん。

川原がうちの前にあった時はうちとゆうびんやさんとこと作ったなぁ。（台風などで）川原がのうなったときは榊さんのほうの川原にも作りに行ったわ。ほんで14日に作ったのに、15日の朝見に行ったら川原ごと流されてたこともあったんやで。雨で（増水して）。川原ごとのうなってしもうてるもん、そんときはもう作られへんやった。最近はみんな作らんようになったなぁ。

ここらへんは13日からお盆やから、13日にお団子を作って仏さんやお墓に供える。13日夜はソーメンを供える。仏さんに14日朝餅搗《つ》いて供える。15日朝はおこわ、こわめしを供えるんや。川原仏作って、作っておいたお団子なんかをお供えして、家の仏さんを送るんに14日作った餅を雑煮にして供える。夜は普通のご飯を供えて、16日夜中から朝、川原仏さんを流すんや。家の仏さんに備えたんも川に流してたで。

盆には蕎麦《そば》を供えるから、作っとかんとあかん。蕎麦って、麺にするんやあらへんで。茎と葉をお浸しにして供えるんや。ここらへんではみんなお供え用に蕎麦、作っとるで。

私の実家では、仏さんがいないので、お盆といえば毎年、両親それぞれの実家に行き、お墓参りをしました。その時、大きな木の鉢《はち》いっぱいに作ったきな粉団子を思い切りいただいたのがうれしかったなぁ。お墓にお参りに行くと、一つひとつの墓の前にそのお団子が供えられていたのも覚えています。また、幼い頃、父の実家の在所で、夜、灯籠を川（兵庫県養父《やぶ》市を流れる大屋《おおや》川）に流したのをかすかに覚えています。

榊は長崎の出なので、初盆の家は精霊《しょうろう》流しで爆竹を鳴らしながら海に精霊船《しょうろうぶね》を流したそうです。義父・義母の初盆には、精霊船を造り、指定された公園まで子どもたち・孫たちと爆竹を鳴らし花火を揚げながら船を運びました。

# 4 祝い事

小川に毎年やってくる伊勢神楽の獅子

## 1

# 結婚

小川の女性は、多くが同じ小川からお嫁に来ていました。他ではお隣の久多や針畑筋の集落からがほとんどです。朽木市場《いちば》や梅ノ木に出るのも歩いて、という時代では遠くの人と知り合うことも少なかったのでは、と思いましたが、残らなかった他の姉妹は京都や安曇川方面にも嫁いでいるようなので、親の思惑で結婚していたことも多かったのでしょう。

「よその人と結婚した方がええわ。私ら、小さいころから結婚、決まってたわけやないで。親が女の子一人ぐらいおらんとかなわん、いうて結婚決めたがな。親がおってほしい言うからおってやったんや」

「卯《う》・辰《たつ》の女は嫁に行かすな、言うたわな。親のためになるんやって。卯・辰の女は近くに置け、嫁に出すな、いうんや。丑《うし》は親の見える所に置くな、とも言うんや」

「昔は何するんも人手がいったから、家のために嫁さんは必要やったんや。娘しかおらんとこは婿《むこ》をもろうたし、子供できんかったら養子もろうたんや」

「結婚の祝いは家でしたで。嫁に出す家でして、もらう家でして。わたしらぁ黒い留袖《とめそで》やった」「私は振袖《ふりそで》やったで」私の母も、結婚した時の写真をみると、黒い留袖でした。戦後すぐの頃は、留袖が普通だったのでしょう。

下針畑の忘年会で、叫《さけ》び峠《とうげ》の話に。去年（2018年）の風台風24・25号で桑原からの旧道（叫び峠越えの道）はたくさんの杉の大木が根返りして道はすっかり壊れています。

「この人、叫び峠を歩いて越えて嫁に来たんやで」「そんなこと、もう言わんといて。恥ずかしいわ」と。

あっこに嫁に行って、と知った人から言われたんやけど、ず〜っと断わっとったんや。そやけど、その人が直接会いに来てくれたんや。ほんで、この人やったら、嫁いで《とつ》もええかなぁ、って思ったんや。

その頃は、歩くしかなかったし、叫び峠は山道やろう、リヤカーなんか通られへん。そやから、嫁入り道具、箪笥《たんす》なんか全部背負って運んでくれたんや。そりゃぁ、中に入れてたら重うなるから、衣類なんかは別に運んだと思うで。化粧して留袖を着て歩いたんや。その上にモンペ履いて。後ろから髪結いさんが一緒に来てくれたで。カツラも持って行ったと思うわ。

これは朽木雲洞谷《うとうだに》から桑原《くわばら》に嫁入りしてきた方のお話です。その頃は叫び峠越えが一番の近道でした。フジさんも「うちは久多からリヤカーに荷物を乗せて歩いて嫁入りしてきたんや」と言っていました。車がなかった時代は、歩くだけが移動手段でしたから。

叫び峠の雲洞谷側には栃《とち》の大木の群生があります。車も通らない山道を栃の大木に見送られて花嫁衣裳で越えてきた、なんてロマンティックな……と思うのは私だけでしょうね。

村歩きは嫁入りして間なしに、着物着て、村中ご挨拶代わりに風呂敷を持って回るんや。風呂敷は配るんやで。私の次にはおしんさんが小川に来たんや。おしんさんが村歩きしたとき、私ら、ほら、戸谷だん《（谷）》の（谷の水路を整備する）砂おろししとった。おばぁや誰かが家にいるから（村歩きには会える）。うちの息子が結婚した時にも、お嫁さん、村歩きしたで。着物も着たで。

「うちはな、一度結婚したけんど、3日ぐらいで戻ったんや」「うちもやで。始めっからすぐに帰ってくる、ちゅうて嫁いだもん」と、嫌な時には帰ってくることもあったようですよ。小川には、嫁をもらうような若者はいないので、もう村歩きすることはなくなりました。

2

# お産

　昔はお産も家でしていました。私の母も出産は4回とも家です。そのころはそれが当たり前のことでした。弟の出産時（1960年）、産婆《さんば》（助産師）さんが家に来ていたのを覚えています。私と姉は子供会の行事でお寺に行っていて、そこに産婆さんが、弟が生まれたことを教えに来てくれました。

　昭和初期の朽木小川、産婆の免許を持った人はこんな山間部にはいません。お姑《しゅうとめ》さんか、近所の女性に頼んでへその緒《お》を切ったり、沐浴してもらったりしたようです。

　戸谷の普請の日、「腹痛いからよう行かん」って言うたら、うちのおじいが「産気づいてるかもしれんから風呂沸《わ》かしたる。おなか温《ぬく》めなあかん」って言って風呂沸かしてくれた。9月や。おばぁは来えへんけんど、おじいは風呂沸かしてくれた。男の勘《かん》はすごいなぁ……って思った。

　中牧《なかまき》の人に産婆を頼みに行ったら、そん人もお産やった。昔はおばぁに頼むか、隣のおばさん頼んでくるか……産婆さんなんかほとんどおらへんがな。「赤ん坊は自然に出てくるもんや」って言うてたわ。出生届がいるから産婆さんに頼んで書いてもらったけんど。

3

# 宮参りとはたき餅

宮参りは男の子は40日、女の子は1日おくらして41日にお宮さんに参ったんや。宮参りで初めて橋わたるとき、「無事に生まさせてもろうた」っちゅうて、生の餅、「はたき餅」を笹に載せて橋の両側に供えて、それから橋を渡るんや。

はたき餅は糯米《もちごめ》を水につけふやかして、臼《うす》ではたくんや（杵《きね》で搗《つ》いて潰す）。そして粉にするんや。臼ではたいて（つぶして）とおして（ふるって）、またはたいて、とおして、それを水でこねて、丸めて笹の上に載せて橋に供える。

橋に備えた餅（いしわきかず画）

最後にどうしてもはたききれんのが残るのがあるんやけんど、あれ粗《あら》いけど、焼いて食べたらおいしかったなぁ。それしかあたらなんださかい、おいしかったんやろうか。それを「さなご」っちゅうんや。あれは挽《ひ》いたのんよりあっさりしてうまかったなぁ。今食べたらそんなおいしいもんやないやろうなぁ。

はたき餅は焼く（ときもある）し、蒸すし、ゆがいたり。笹に包んでお餅にするんや。久多では石鍋に藁《わら》で編んだ蓋《ふた》をして焼いていたわ。小川では木の蓋やった。

橋に供えるはたき餅は、笹の上に載せて橋の左右両側に置く。生のまんまやで。橋を渡った方の側はそなえんでもええ。お宮さんまで橋を渡るたびに供えていく。大川だけやあらへん、谷を渡る時もや。それから、ほら、お宮さんの鳥居さんのとこと。宮さんに参ってから、小川は寺にも参るんやって。

やってみいや。臼も杵もあるで。杵はさらのがある。

はたき餅はお彼岸、山の口（講）の時にもぎょうさんこしらえて笹に包んで蒸して、平良（の親戚）にも配ったわな。お宮さんにも持って参った。

お彼岸には笹と一緒に重箱に入れてお宮さんに供えたんや。供えとくと、それをみやじさんが焼いて、こうぞんさんと食べたんや。お彼岸には泊まっとったん違うんか。

秋の彼岸の中日には、てらこがあってな、その時は「姉《あね》さん餅」言うて、はたき餅を笹に四角く包んで蒸した餅にしてお寺に参ったんや。

神主も山の口には宮さんにもって参ってた。ようけはたいたんやで。親戚だけに配った。

お宮参りの時、糯米を臼ではたいて、ふるって粉にし、それを水でこねて丸めた「はたき餅」を作り、お宮に参る道中、橋を渡るごとにその橋の両側（左右）に笹に載せたはたき餅を置いて渡ったそうです。我が家からお宮さんまで橋はないので、鳥居のところだけに置いたらいいのでしょうが、一番遠いしんのじょうやぜんべえからだと五つの橋を渡る都度お供えを置いていったようです。

また、はたき餅は山の口講やお彼岸にもたくさん作り、配ったりお宮さんに供えたりしました。

「桑原の人は、しろ餅っちゅう。はたき餅って、言わん」とのこと。また、お宮参りにはたき餅を橋に置く習慣は小川と久多だけのようです。平良・桑原では「せん」と。

そうそう、「食《く》い初《ぞ》めの石は宮さんの谷の水の中から拾ってきて、終わったら宮さんの上の段に返しとくんや」と智恵子さんが言っていました。食い初めの時、お膳に石も準備していたそうです。それはお宮さんに返すそうで、しこぶちさんの覆い屋の周囲（一番上の段）に丸い石が敷き詰められているのはそういう意味だったんですね。

# 5 学校

朽木西小学校と朽木西地区合同運動会にて

1

# 小学校

久多小学校に上がるとき（昭和11年入学）、靴を買《こ》うてもらったわ。冬にはサイズの大きい長靴やった。長靴で歩くのが嫌やった。学校に通うのに「背嚢鞄《はいのうかばん》（リュック）」も買うてもろうて、しょって（背負《せお》って）通ったで。

うちらぁ、小学校（朽木西小学校平良《へら》分校・昭和15年入学）には着物と〝わらじ〟で通ったで。靴なんか、買ってもらわれへんやった。小川の子供たちはみんな鞄は風呂敷やった。風呂敷は走ったりしたら、中身がみ〜んなこぼれおちてきて不便やったなぁ。

女の先生は毎日袴《はかま》で来てたで。四大節《しだいせつ》（元旦、紀元節（2月11日、現・建国記念日）、天皇誕生日（4月29日、現・昭和の日）、明治天皇誕生日（11月3日、現・文化の日））はお休みなんやけんど、学校で式典があったから登校したんや。正月の式で、校長先生や来賓《らいひん》の人の長〜い挨拶の間立っとるんが嫌やったなぁ。

この前、大野《おおの》に嫁に行った1学年下の人と、四大節の時には女子は袴をはいていったなぁ、と懐かしく話をしたんや。なんとかの法則なんか習ったのを覚えているで。小学校で卓球やバレーボールなんかして遊んだわ。

うちあぁ、冬学校に通うときは〝わらじ〟の上に〝つまご〟（つま先を覆う藁《わら》で編んだ履物《はきもの》）を履いて行った。すぐにびしょ濡れになって、学校に着いたらずぶ濡れになってて、それを教室にある大きな囲炉裏《いろり》の上に竿を渡して吊るして干してたで。

お昼にはその囲炉裏に大きな網を乗せてお餅を焼いて食べたわ。学校に弁当代わりに餅を持って行ったんや。みんなのお餅を焼くんで、誰のお餅かわからんようなって、「自分の餅、取られた」いうようないさかいをすることもようあったわ。

冬に入る前、各自炭を1俵《びょう》学校に持って行ってたんや。

冬は〝ふかぐつ〟（藁で編んだ長靴）を履

くこともあったで。わらじやふかぐつは冬の夜、自分で作ってたんやで。1年分冬に作るんや。わらじは、2~3日履いたらすぐにつぶれてた。それほどよう歩いたんやなぁ。

冬、学校に通うのに雪が積もって道もわからんようなって、通れんようなるんで、川まで下りて、川沿いを歩いたんや。大人の人たちが丸太で橋を作ってくれて、その橋を渡って通ったわ。平良分校では、かるたや百人一首・花札なんかして遊んでたで。

平良分校跡　記念碑と平良のお寺

小川の子どもたちは、竹でスキーやソリを作って、榊宅の裏山（山越原）で滑って遊んだそうです。裏山は傾斜が緩く、いい遊び場だったようです。

ソリはヒノキの枝を拾ってきて、板を打って座るとこを作って、前にハンドルも作ったり、いろいろと工夫して作ったんや。藁の紐《ひも》もつけて操作できるようにもしたで。雨が降った後の雪がしまった状態になると、よう滑ったんや。

山越原の山にはウサギがたくさんおって、学校から帰ると罠《わな》を仕掛けて、よう捕《と》れた。鳩（ヤマバト）やカケスも籠《かご》を仕掛けて捕ったで。

冬の雪が降った時、籠を伏せて中に餌《えさ》を置いて、入ったらバタンと捕《つか》まえるんや。〝こんころりん〟言うんや。うちらはせーへんけど、男の人がようしとったわ。

木イチゴや、冬イチゴなんか、ぎょうさん

あったなぁ。おやつに採って食べたわ。今はイチゴの赤い色、見んなぁ。

榊さんとこの柿の木、ぎょうさん小さい柿が成るんやけど、種が多いから「さる殺し」っちゅうんや。ここいらへんでは一番早う甘うなるから、子どもんとき、登って採って、ようしかられたわ。

小学校では戦争中やから、食べることがたいへんやさかい。サツマイモ作り、カボチャを作り、ジャガイモを作り、それを洗って食べて、残ったら家に持って帰って。学校には勉強するもん、何にも持っていかへん。持って行っても使わへん。鍬《くわ》やとかそんなもん学校に持って行っとったわ。

久多の小学校では、4年生と6年生の2回、修学旅行に行ったわ。4年のときには伊勢神宮、6年のときには神戸の「クスノキマサシゲ」の祀ってあるお寺(広厳寺《こうごんじ》)に参ったんや。

伊勢神宮に参るのに、八瀬《やせ》まで歩いて、そこから叡電《えいでん》（叡山電鉄）に乗って出町柳《でまちやなぎ》まで行って、三条の池上旅館という宿に宿泊したんや。そん頃、ここいらの人はいつもその宿屋を利用していたんや。三条から電車を乗り継いで伊勢まで行ったんや。途中、奈良も見物したで。

修学旅行に行く時、リュックサックを買ってもらった。セーラー服も買ってもらった。全員じゃぁなかったから、私の家は裕福やったんやろうなぁ。

戦前の教育を受けたフジさんと、戦争真っ最中の恵美子さんとでは受けた教育の違いは、地域の違いよりも時代の大きなうねりの真っただ中での違いなのでしょうか。

フジさんの妹の時にはもう修学旅行には行けなくなっていたそうです。恵美子さんもまた、修学旅行などはなかった、と。これも、戦争のせいなのでしょう。

2

# 中学校

久一さんは西小平良分校に通いましたが、「中学1年の時は西小の平良分校の1室が中学生用で、そこで勉強した。2年になると西小の本校（中牧）の1室が教室になり、3年の時は、市場の東中に出た（1950年）」と。

朽木の中学校は、1948年（昭和23）に「朽木中学校」として統一され、東小学校に本校、西小学校に西校舎が併設されました。1950年には野尻《のじり》に本校、1951年には古屋《ふるや》に西校舎が新設されています。ひさかずさんはちょうどその移行期にあたっていたため、このように毎年別の校舎で学ぶことになったのでしょうか。

東中では寄宿舎に入ったで。寄宿舎は岩瀬《いわせ》にあって、歩いて学校まで通ったわ。寮《りょう》には寮母さんがいて、食事など作ってくれてた。家から市場への行き帰りは叫び峠・ユミ坂峠を通ったなぁ。

一度、梅ノ木を通って帰ったけんど、そん時は台風が来て、奥山渓谷の道がつぶれたんで、どうしようか、と困っていたら、梅ノ木の長尾（最後の家）のおじいさんが家の裏山に上がって、尾根から〝ヒバサミ〟に下りるところまで案内してくれた。5月の節句やったし、〝ちまき〟をお礼に持っていったら、喜んでくれたわ。

梅ノ木からヒバサミまでの山道は茂さんも通ったことがあり、今でも山の中腹に道が見えると言います。

多津子さんや智恵子さんのころ（1952～56年頃）には、中学校は古屋（西校舎）に行く人、市場（東中）に行く人もいたけど、「小川は久多の方がよっぽど近かったから、許可が出てて」久多の学校に通ったそうです（久多は京都府なので、小川からは越境入学となります）。

ぜんべぇからも久多に通った人がいたで。でも、宮本さんは久多の上の町の一番奥に3軒家があったところの出やけど、そこからの方が（久多の中学校には）遠かったで。

学校の帰りに材木をいっぱい積んでいるトラックの(荷台の)上に小川まで乗せてもらったんやけんど、木をいっぱい積んどるから、結構高いで。今考えたら怖いわなぁ。川合《かわい》(久多の東部)の道、狭かったからほんと、怖かったわ。乗せる方もよう乗せたわ。

久多は京都市やから、川合の方に頼んで住所を置かしてもらって、通ったんや。小川の同級生5人中、4人が久多に通ったで。うちが1年入学の時、兄が3年生やって、兄は古屋の中学校に行ってたんや。何人も寄宿舎に入れるのは家の負担が大きかったから、うちは久多に行ったんや。

美佐夫さん(フジさんの息子)の頃(1970年頃?)になると、古屋の西分校に自転車で通ったそうです。「冬になって、雪が降ったら通えへんから、寄宿舎に泊らせてもらったんや。古屋の西中学校(分校)は遠くの生徒は寄宿舎に入るんや。そこは寮母さんがいなくて、週末家に帰って、米やおかずを持って行ってた。(取りに帰っていた)」

恵美子さんの子供さんの時には西中学校はなくなり、朽木市場まで自転車で出て、寄宿舎生活でした。週末になると自転車で帰って来たそうです。

智恵子さんの息子さんも市場の中学校に入学して、寄宿舎に入りました。

西校舎(1958年に西分校と改称)は、生徒数の減少により1971年に本校に統合されました。朽木地域は山間僻地《へきち》であり、小学校は二つの本校の下に10の分校があったほど学区の面積が広大なため、寄宿舎の必要性がありました。

現在では、市バス(朽木村のころは村営バス)が小・中学校に間に合うように運営されているので、寄宿舎は運営されていません。

「子どもたちは中学から家を出て高校も寄宿

舎生活で、その後家には（住むためには）帰ってきてないし、子どもを育てたのは中学生までやった」と恵美子さんと智恵子さん。

私と話しているときにも、「こんな話、子どもたちにしたことないし、子どもも聞きもしない」とみなさん。10代から家を出て独立独歩で歩まれている子どもさんたちが、定年になって帰ってくる、ということも夢のまた夢……となっています。

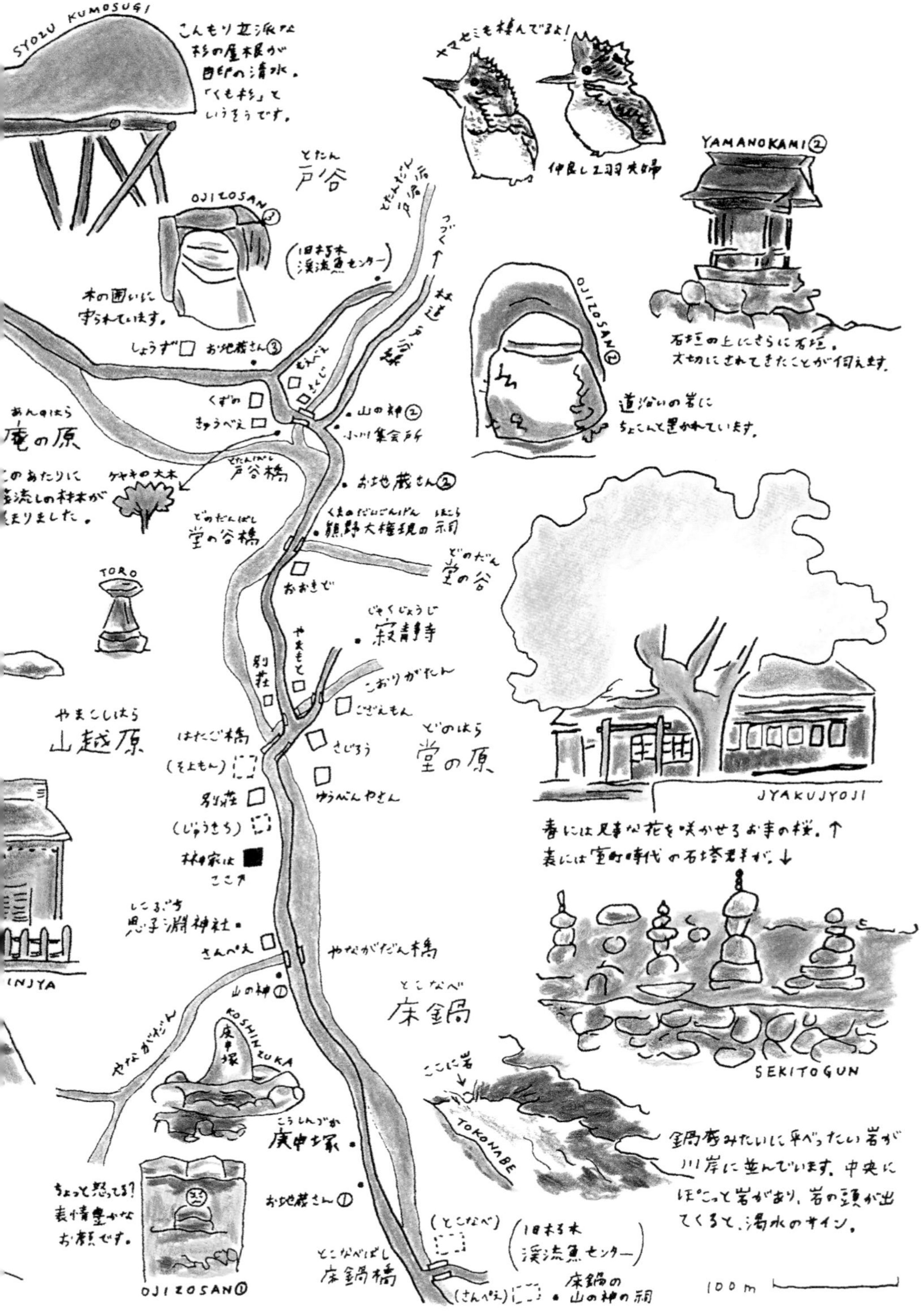

SYOZU KUMOSUGI
こんもり立派な杉の屋根が目印の清水。「くも杉」というそうです。
ヤマセミも棲んでるよ!
仲良し2羽夫婦
YAMANOKAMI②
石垣の上にさらに石垣。大切にされてきたことが伺えます。
戸谷《とたん》
OJIZOSAN③
(旧朽木渓流魚センター)
つづく
林道戸谷線
木の囲いに守られています。
しょうず
お地蔵さん③
もんべえ
さくじ
OJIZOSAN②
道沿いの岩にちょこんと置かれています。
くずの
きゅうべえ
庵の原《あんのはら》
山の神②
小川集会所
戸谷橋《とたんばし》
お地蔵さん②
ケヤキの大木
のあたりに
流しの材木が
まりました。
熊野大権現《くまのだいごんげん》の祠《ほこら》
堂の谷橋《どのだんばし》
堂の谷《どのだん》
おおきど
TORO
寂静寺《じゃくじょうじ》
やまもと
別荘
こおりがたん
こざんもん
山越原《やまこしはら》
はたご橋
(そよもん)
さじろう
堂の原《どのはら》
別荘
ゆうべんやさん
(じゅうきち)
林家はここ↗
JYAKUJYOJI
春には見事な花を咲かせるお寺の桜。↑
裏には室町時代の石塔群が。↓
思子淵神社《しこぶち》
さんぺえ
やながだん橋
INJYA
山の神①
床鍋《とこなべ》
やながだん
KOSHINZUKA
庚申塚
SEKITOGUN
ここに岩
TOKONABE
庚申塚《こうしんづか》
鍋蓋みたいに平べったい岩が川岸に並んでいます。中央にぽこっと岩があり、岩の頭が出てくると、渇水のサイン。
お地蔵さん①
ちょっと怒ってる? 表情豊かなお顔です。
(とこなべ)
(旧朽木渓流魚センター)
床鍋橋《とこなべばし》
OJIZOSAN①
(さんぺえ)
床鍋の山の神の祠
100m

# 朽木小川《くつきこがわ》てくてくマップ

イラスト：いしわき かず

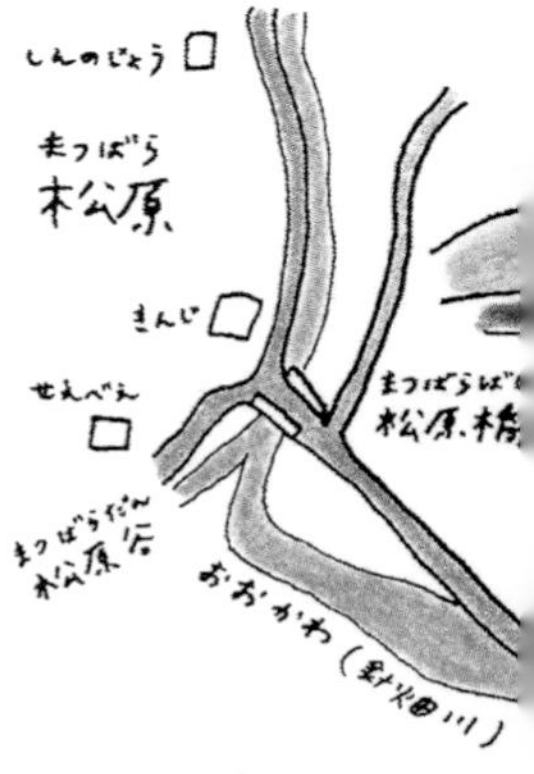

小さな片流れのお社が祀られています。その手前には石の灯籠の土台も。

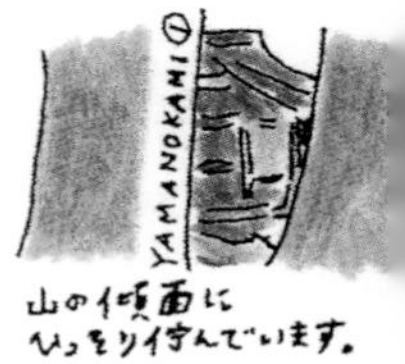

山の傾面にひっそり佇んでいます。

春つくし

# 6

# 普請

秋の収穫　稲刈り

# 普請

どこの集落でもそうだと思うのですが、各家が参加を求められ、集落全体で協力しあって行う作業があります。それを「普請《ふしん》」と言い、毎年それぞれの作業時期に決まって行われていました。簡略化された今でもいくつかの普請は残っています。

ここ小川では地域の外に仕事を持っていた家は少なく、山仕事と農業がほとんどでした。昭和初期から戦後すぐのころ、まだ農業用機械類などはなく、地域で協力しあわないとできないことが多くありました。

今でも1月3日（2019年から2日に変更）、正月から普請は始まります。集会所の雪囲いをするのですが、クリスマス・年末寒波で雪が積もっていることも多く、そんな時はまず雪かきからはじめないといけません。

今は10cmの積雪で、市から指定された業者が県道の雪かきをしてくれますが、昔は道の雪かきも住民全員の協力で行われました。細かった道を広げるのは「道普請《みちぶしん》」で行われましたし、台風や雪崩《なだれ》で道が塞《ふさ》がれたときも、橋が落ちた時にも、道の確保は普請で行われました。道路が県道として整備されたのは1958年（昭和33）です。

「私んとこはほら、仕事に出てたやろう。普請やたら、おじぃと私が出とったわな。一家で二人、普請には出てたんや。そんとき、『間に合わんじぃでも出しとったらええ、女が出るよりも』、言われた。そりゃぁ、やっぱりおじぃでも男の力や、女よりは強いわなぁ」と多津子さん。重機がない時代、道普請などは、力のいる大変な仕事でした。

春になると、田んぼ仕事が始まります。「おしんさんが村歩きしたとき、私ら、ほら、戸谷だん《（谷）》の砂おろししとった。ゆね（農業用水路に導く谷の水路）してたんや」「平良から水かきせんならんやったろう。あれはえらかったなぁ。田んぼ作っとる人は全部行かんならん」と言うように、田んぼ仕事の始まりは谷川の整備と農業用水路の整備と掃除から。今のようなU字構

お宮掃除普請

などなく、毎年雪や鹿などの動物に荒らされた水路を作り直しているようなものでした。その水路を利用する家全部が出て行われたようです。

雪が融け、草が伸びてくると、川刈りの普請があります。川原の草刈りです。これは小川では鮎《あゆ》釣りの解禁前（6月）に行われました。榊が住み始めた頃にも川刈りは続いていて、終わった後、各自の草刈り機談義になっていたそうです。草刈り機のない時代には鎌《かま》で刈らなくてはいけなかったので、道刈りや川刈りは大仕事だったでしょう。今、小川では鹿の食害で、川原に刈らないといけないほどの草は見かけられなくなりました。

また、集会所だけでなく、お寺や神社などの共同施設の掃除や草刈りも普請です。私たちだけがお寺の宗派が違い、神社の氏子でもないのですが、私たちは「集落の共同作業」と思い、住み始めた当初から参加しています。

「普請では村山《むらやま》（共有の山林）の手入れなどもしてた。普請に出た日数を勘定しておいて、1年に1回、出た日数ぶんの手当てが支払われたんや。出なんだ人（家）はお金を払っていたで」と久一さん。

今は住民も少なくなり、お寺・神社行事もすべて簡素化していて、参加できる人が協力し合い、ほそぼそと行っていますが、「いつまでできるやろうか」と不安の声が聞かれます。

2

# 電気

　小川に初めて電気がひかれたんは、昭和22年（1947）10月20日。秋のお祭りに間に合うように工事をせかして（急がした）やってもらったんや。そやから材料は梅ノ木までみんなで取りに行って、（電柱の）柱は村山から伐《き》りだしてな。

　そん頃、梅ノ木までの道は一輪車が通るのがやっとやったなぁ。火鋏《ひばさみ》にまんだ橋はのうて、一度川まで下りて、川を渡ったらまた道まで上らんとあかんやった。材料を運ぶのも大変やったで。

　電気工事も区の普請で、穴を掘って電柱を建てたんやで。戦後すぐの頃までは、なんでもみんなでやらんとあかなんだんや。

　家の中に引き込むのは業者（電気屋さん）に頼んだ。家の何か所かにそれぞれ電球をつけてもらったんや。

　うちのじいが、夕方電気がついたとき、明るいからその下で新聞を読み始めたのを子どもながらに覚えてるで。

　１９６３年（昭和38）、朽木木地山《きじやま》へ送電が行われ、ようやく朽木村全域に電気が行き渡りました。「朽木の一番奥の集落」の小川にはそれより早い１９４７年に電気が通じたのです。下針畑は、大津市葛川梅ノ木町（当時は滋賀郡葛川村梅ノ木）から送電線が張られたからではないか、と思います。

「電気は来たけど、しょっちゅう停電してたで」と。確かに、私の小さい頃もしょっちゅう停電して、母がロウソクやカンテラに火を灯《とも》していました。

3

# 小川の道

朽木小川から上に行くとどん詰まりが小入谷《おにゅうだに》集落で、その集落を越えて山道を上ると若狭の国・福井県との県境の峠です。そこを下ると、古くは大陸（中国や朝鮮）からの船や北前船が行き来していた若狭小浜《おばま》の港に着きます。

また、小川から下る道は京都市左京区久多《くた》集落を超えて、京へと続きます。この小浜から京までの道は、いくつかある「鯖《さば》の道」と呼ばれる道の中で一番京に近い道だと言われています。この「鯖の道」、戦後すぐの頃までは、リヤカーがやっと通れるくらいの道がほとんどだったでしょう。もちろん、舗装などはされていません。そんな道の話を聞きました。

「（１９４０～１９４５年の）冬、（平良《へら》の）学校に通うのに雪が積もって道もなくなって通れんようになったんや。そん時はとたん（戸谷）の向こうは川まで下りて、川沿いを歩いたで。大人の人たちが丸太で橋を作ってくれて、その橋を渡って通った」

「嫁入りん時（１９５０年、23歳）には久多からリヤカーで荷物を運んだで。村歩きしたとき、シンノジョウまで歩くやろう、汚い道やったわ。そんころ道ゴチャゴチャいろうとったさかい。みんな手作業やったわな、昔は。機械でしとらへんのやもん。あっちこっちハッパ（岩石などを爆破するための爆薬）打ってたわ。破片が飛ぶやろう、家にむしろを当ててたわ。

男の人たちは学校までの道を作りに行ってたで。手作業やさかい、長いことかかって道をようしたんちゃうか。

草刈りや道の整備に冬の雪かきはそれぞれの家の分担が決まってたんや。雪が積もったら、親は分担のとこの雪かきをした。草刈りは「道刈り」いうて、祭り前にやってたなぁ。戸谷までの川沿いの崖路《がけじ》がやっぱり台風で落ちてしまった時には、普請で１～１・５mぐらいの幅に、川原から土をあげて道を作ったんや。道がようなったんは、みんなで広げて広げてしたんや。

昭和25年（１９５０）にはまだ3輪の「ばたこ（オート三輪。２輪のオートバイもこう呼んだ）」が走ってた。（とこなべの）のりさんが、「ばたこ」買って乗りはった。うちのおとっつぁんが「四つ輪に乗ったのはわしが初めてや」って、言うとったわ。

（舗装していないため）トラックが通ると、深っかいふっかい溝になっとったわな。荷物を積むトラックや。道の広さは輪いっぱいやわ。リヤカ通るのが精いっぱいやもん。だんだん広げたんやわ」

「東中では寄宿舎に入ったで。家から市場への行き帰りは叫び峠・ユミ坂峠を通ったなぁ」

当時はほとんどが徒歩での移動であったため、このような集落をショートカットできる峠道の旧道が朽木の山中に多く使われていました。朽木桑原の古老（もう亡くなりました）も、「わしは市場の中学校に行ったけんど、寄宿舎に入って、叫び峠から雲洞谷に出たんや。週末に帰ってくると、飼っていた犬が叫び峠まで迎えに来て、帰る時（また行く時）は送ってくれたんや」と話してくれたのを思い出します。

「郵便屋さんは朽木村井から白倉《しらくら》岳を通ってトタン（戸谷）に降りてきたんや。朽木市場から郵便物を持って配達に、やで。白倉の道はええ道やったもん」とも。

## 4

# 奥山渓谷の道

梅ノ木までの道（奥山渓谷《けいこく》）はリヤカーや一輪車がようやく通るぐらいの道幅やった。小学生のころ（１９３６〜１９４１年）、炭をリヤカーに乗せて（久多から）梅ノ木までもっていく手伝いをしたんや。火鋏《ひばさみ》は下（川辺）まで下りたら橋がかかっていたで。急な坂やったから運ぶ人みんなで上の道まで上げるのに手伝いしおうた。

梅ノ木まで行ったら帰りは久多の郵便局までの荷物が（梅ノ木まで）届いているからそれを運ぶんや。そしたら手間賃がもらえるやろ。

手伝いをしてお駄賃《だちん》を１厘《りん》もらったで。それで飴《あめ》を2個買えるんや。口に入らないほど大きい飴やった。

ハッパ打ってなぁ。坂尻のとこ。市場まで買い物に行くとき、ハッパ当てるから行ったらあかんって言われた。学校上がりのころ（１９４６〜48年頃？）や。チョット引っかかったらコンコロコンと荷物落ちてしまうような道やった。ようあんな道、自動車が通れるような道にした、思うわ。

昭和25〜26年（１９５０〜51）頃、下《しも》針畑3区と久多の普請で梅ノ木までの道（奥山渓谷の道）を広げたんや。各区の担当が決まっていてなぁ、小川は梅ノ木から入った近く（「なんまんだぶつ」付近）が担当やった。平良は針畑大橋ができたとこらへん。平良は手ぇ抜いたから道幅が狭くて通りにくいってず〜っと言われてたんや。そのあとからは土《ど》方《かた》が来て工事したんや。

中学校の時（１９５０年、中学3年）、坂尻橋の鉄筋を組むのを手伝いに行ったで。

材木積んだトラックに乗せてもらって、市場まで行ったで。なおかずさんに乗せてもらったんや。たぶん運転席（助手席？）やったと思うけんど、（タイヤが）片方道から外《はず》れとるようになって「なおかずさん、大丈夫か？」って聞いたら、「そんなもん、わしらぁ、

奥山渓谷にあるなんまんだぶつの石碑

毎日ここ通ってるわ」って言われた。針畑大橋の向こうの方、回ってたやろう、あっこや。あっこはなぁ、バックはできへんし、前から（車が）来たら怖かったわ。

１９５３年（昭和28）に朽木麻生から古屋を通り大津市葛川《かつらがわ》梅ノ木までの村内一周道路が完成しますが、無舗装《むほそう》でした。１９５８年（昭和33）県道「麻生古屋梅ノ木線」として認定されます。舗装されたのはそのころなのでしょうか。

せいべぇのおばぁの死にはった時に、大雪が降ったがな。あん時はよう積もった。戸谷の溝が見る見るうちに埋まったんや。あん時フジさんがあそこ（針畑大橋の対岸の旧道）で難儀したっていう話や。

見とる間に（雪が）たまったもん。せいべぇのおばぁのごっつぉう（ご馳走《ちそう》。葬式用の食事）、おっさんやみんなで買い物に行きはったんやな。ほして戻って来はったんやけんど、もう雪崩《なだれ》で通れなんで、みんな帰られへん。（ちょうどフジさんも息子とそこに居合わせたのでした。）

　ほして美佐夫のう、「おかぁ、降りたって役たたへんから待っとれ」って言うてなぁ、待っとったわな。ほったらもう、車ごとうち、死ぬかと思った。目の前を大きな雪崩が落ちたんや。一緒に流されるか思ったわ。

　みんな、日は暮れてくるし、そって帰られへんし、おなか空《す》いてくるし、「なんぞ食うもんないか」って。そんでせいべぇのおばぁのごっつぉう、竹輪やら皆、食べたんや。

「仕事から戻ってきて、あっこから戻られへんようになって、そんでごっつぉう、よばれたわ」と、えみこさんも雪崩で帰れなくなった一人だったようです。

　久多にいぬ（帰る）人やら針畑いぬ人やらみんな総出して、雪かきしたんやわ。ほんで私一日立ち往生しとったけんど、車ごと流されると思ったけんど、助かったんや。

　あんとき、みんなで食べられるもんはみんな、食べてしもうた。葬式のごっつぉう、あらへんがな。せいべぇ、待っとった人らぁ、どうしたやろう。食べるもん、あらへんやったやろう。

　せいべぇのお客さん、あんまりみんな戻らんさかい。キャンプ場のとこまで迎えにきはったわ。わたしらぁ、帰ったらすぐにせいべぇに行ったたわ。


榊が小川に住み始めた頃（2000年〈平成12〉頃）、梅ノ木から入り、坂尻《さかしり》橋を渡って左折し、急な登りを上がってすぐのところが道路工事中で、大きな鉄板が何枚か渡された上を通らなくてはいけませんでした。冬、その鉄板に雪が積もって凍るので、通るのが怖かったことが思い出されます。

　そのあとに続いて「なんまんだぶつ」の石碑が立つカーブがあり、もうしばらく行き右に回り込む急坂のカーブを登ると、左側が100m

秋の奥山渓谷・針畑大橋　紅葉の名所でもある

ほどの断崖《だんがい》、右側が今にも石が落ちてきそうな絶壁《ぜっぺき》の、細い細い道が大きく曲がって続きます。離合もできないし、バックするのも怖いほどの細さで、ここが奥山渓谷一番の難所でした。

坂尻橋に続く道の道路工事は二冬ほどかかり、終わって鉄板が除けられると、広くなって走りやすい道に大変身しました。そして、２００３年（平成15）、大津市奥山渓谷の針畑大橋が開通。これで、県道「麻生古屋梅ノ木線」一番の難所が解消されました。

今でも毎年、台風や大雪で土砂崩《くず》れや雪崩が発生し、通行不能になることがありますが、市職員がすぐに道路状況の確認に入り、ブルドーザーで除けていってくれます。手仕事で道を作っていたのはもう遠い昔の話になってしまいました。

5

# 橋

小川の橋は全部木製やった。村山《むらやま》（共有林）の杉の木で作ったけどなぁ、川幅の長さがないんで、真ん中で継いでいたんや。その継ぎ目は鳥さんの足のよう（三又）にして固定してたわ。台風の時なんか、その鳥さんに流れてきたゴミが引っかかって、よう橋ごと流されたわ。その都度、また村山から杉の木を伐りだしてみんなで橋を架《か》けたんや。

昭和28年（1953）の台風の時、松原橋が流されたんやけど、きゅうべぇの家のすぐそこまで水が来て、橋が流されていくのを見とったわ。そのあとは結構小川は難儀したなぁ。13号台風や。うちの屋根の端っこの方が取れとった。

オフゥのところから降りてさじろうのあっこに上がる低い橋（旅籠《はたご》橋）があったなぁ。そのさじろうの前の橋が落ってな。昔は木の橋やってな、流された。そん時、滑車を渡して荷物や人間運んだで。橋が流されたら、木を切ってまたかけるのは、あれからあとではもうなかったなぁ。

床鍋の橋はしょっちゅう流されたわ。橋の渡す棒（ゲタ）がくくってあって流されんようにしてあった。その上に板ならべてあったんや。

あっこ（床鍋）にいかい（大きい）木がまだあって、（うちの）おじいが孫に「この木は絶対切ったらあかん」って言うたんやって。それはなんでか言うたら、「もしやの時に使わんとあかん。橋の木が流れたらあかんから、この木絶対切ったらあかんし売ったらあかんし」言うとったって。ハジメ（孫）がこの間言うとったわ。

そやけど、床鍋の橋が流れたときはそれは悲しかったわ。台風で床鍋橋が落ちたとき、左岸の山と崖《がけ》に道があったから、子供はそこを通って、ゆうびんやさんの近くまで来て学校に通ったんや。榊さんの向かいが一番きついんや。えらい崖やもん。その向こうは草刈りに行く道があったからええんやけんど。

昔、橋はみんな木製でした。村山から材料の

滑らかな岩肌を川水が滑る床鍋　中央に岩が現れると渇水と言われる

木材を伐り出し、住民みんなで橋を架けていたそうです。台風や大雪のたびに壊れた橋や土砂崩れした道を直すのは住んでいる住民たちです。「村」とは、そういう共同作業をともにする人々の集まりなのでした。

初夏モリアオガエル

# 7 お米作り

山越原の田んぼ　しこぶちさんの奥谷から水をいただく

# 田植え前

針畑ではようやく雪が融けた4月の初めでしょうか、田んぼ仕事は苗を作る苗田《なえだ》を準備し、種を蒔《ま》いて苗を作ることから始まります。その後、水路を引く谷の整備と水路の掃除・整備です。これはその谷から水を引いて田んぼに入れる家全部の普請で行われました。

それから残った田の準備です。全部が終わって田植えができるのは5月末になってからでした。

平良《へら》から水かき(水路掃除)せんならんやったろう。あれはえらかったなぁ。田んぼ作っとる人は全部行く、田んぼの大きさには関係ない、大きいても小さぁてもみんな行かんならん。

しんのじょうの川向の田んぼは平良から水を引いていました。そこに田んぼを持っていた家は全部水路掃除に出ないといけなかったそうです。平良の谷からは結構な距離があるので、水路掃除も大変だったでしょう。

田植え前の田起こしは、「荒田起こし」いうて、一つひとつ鍬《くわ》で株(昨年の稲刈後の株)を起こしたんや。それから「こなし田」言うて、水をあててこなすんや。

牛の肥《こや》しも田んぼに入れて足で踏むんやで。「裸足やから足の裏が痛かったわ」「私はわらじを履《は》いてしたで」「うちは古くなった足袋《たび》を履いたわ」と口々に。「肥しを田んぼに運ぶのも重かったわぁ。ふらふらしながら運んだで」(「牛の肥し」は、牛小屋にホトラ山から切ってきた若木・ホトラを敷いて、牛に踏ませて牛糞なども入ったものを秋、肥し場に置いて寝かせたものです。)

田を起こして、水入れてこなして、そこに肥え入れて田植えしやすいように肥えを踏み込んでこなして。踏み込んでこなすのを肥え踏みというんや。最後にエブリして田んぼの土を均《なら》す(この時使う、長い横板に柄《え》のついた農具を朳《えぶり》と呼ぶ)。

昔は田を耕やしたり、肥造りのために牛を

飼うとった。だいたい一軒で牛一匹飼うとった。家の中で牛は飼うとったんやで。2軒で一匹飼うとったとこもあった。そうせんと、（牛に食べさせる）草あらへんがな。田んぼを耕すのん、牛やった（耕運機が出るまで）。

うちの田んぼは深いから、牛で入れたんは榊さんが作ってる前の田んぼと向かいの川側の田んぼだけやったで。あとは全部手で起こしたんや。45年ほど前に飼っていた牛を売ったわ。

苗田を4月になったら、起こして水入れて、均して肥え踏みして均して、水抜いて畝《うね》作って、種を蒔いたんや。上にかぶせるんに油紙を使ったこともあるんや。籾《もみ》をかぶせたり、いろいろしてみたで。（針畑は標高も高く、気温が低いため）保温のためや。それから苗が育つ間に他の田んぼを起こして田植えできるようにしたんや。育った苗は抜いてひとくくりにくくって、洗って土を落として田んぼに植えるんや。

榊は住み始めて3年目の春から、久一さんから田んぼを借りて、手植えで稲つくりを始めました。苗は久一さんに作っていただいていたのですが、最近は籾蒔きから苗床《なえどこ》づくりなど、一緒に行うようになりました。籾蒔きや育苗《いくびょう》は機械で行えるので、便利になっています。もちろん、田起こしも機械です。

田の土をならすエブリ　これが終わるといよいよ田植えが始まる

2

# 田植え

田植えは昔は全部手植えやった。そうやな……だいたい50年ぐらい前までかなぁ。親戚なんかでグループが決まっていて、そのグループでそれぞれの田植えを手伝いしあったんや。

真っ先に自分の家の田植えをして、それからグループの終わっていない田んぼの手伝いに行って。それから集落のまだ田植えできてへん田の田植えを手伝いに行って。

自分の家の田植えが終わったら区長さんに報告しに行くことになってた。そして全部の家の田植えが終わったら、「泥落とし」をするんや。6月のお祭りとは別にお宮さん（思子淵神社）に集まる。

その頃は集会所なんてなかったし、お寺さんには住職さんがいてはったし。食べるもんも持ち寄って、集落中集まったもんや。

田植えはそんなに長くかからへんで。だいたい10日ほどで終わってたなぁ。

田植えの一番最初は「さびらき」言うて、苗植えを開く、いうことやなぁ……その田んぼを植える人みんな集まって一斉に植え始めるんや。

そん時、正月、こうぞんさんがスギやヒノキの穂のついた枝を各家に配ったんを田んぼに立てて、豊作を祈ったんや。それと一緒に、苗の根っこを洗って、つかめるぐらいの束にしたのを六つと、春に採った蕨《わらび》を、普通は頭を取って茹《ゆ》でて揉《も》みながら干してくちゃくちゃにするんやけど、生のまんま、頭も取らんとまっすぐ干しといたのを湯がいてお浸《ひた》しにしたのと、竹皮にご飯を入れてきな粉をかけたんを船《ふね》に乗せてお供えするんや。

船って、田植えするとき、苗を乗せて押しながら植えていくんに使ってた、板で作った船や。本当に船の形に作っとったで。自分たちで作ったんや。うちにもおじいが作ったんがあったわ。

田植えでは男衆は田んぼの両端で縄張りをするんや。冬の間に編んだ縄で張るんやけんど、水を吸って重とうなってなぁ。女の力では引かれへん。おまけに途中で切れたりしてなぁ。ビニールの紐《ひも》が出て軽くなってよかったんやで。そやけど、最初に出た赤い紐はようからんでもつれてあかんかったわ。

等間隔に植えるよう作られた三角の田植え機での手植え

縄張りは田植えの直前にするんや。そやないと、ゆるんで線がゆがんでくる。榊さんみたいに早くから縄張りしたらまっすぐにならへんやろう？（榊はイベントで田植えするため、準備の縄張りは前日に済ませておきます。確かに、大風が吹いたりして、縄が大きくゆがんでしまったこともありました。）

植えるんはオナゴの仕事や。田植えする人を「ショトミ」と言うてた。昔は田靴なんちゅうええもんはなかったからなぁ、裸足で田んぼに入ったんや。一緒に入って一並びで始めて、植えるのが早いもんはもう終わりかけてるのに、遅いもんがまだ半分ぐらいしかできてへんこともあったで。

だいたい田んぼの多いところの人は田植え、早かったなぁ。ぜんべぇのいよさんなんか、本当に早かったで。ほんで、田んぼ多いから、朝早うから田植えしてたわ。

男は縄張りをしたり、苗取りをしたり、苗田から苗運びをするんやけんど、「苗運んで」

と言うて頼んで、待ってるのにいつまでたっても来えへん。仕方ないから見に行ったら、寝とった、いうこともあったなぁ。

「宮田《みやた》」いうて、お宮で使う糯米《もちごめ》を作る田んぼがあったんや。正月のお鏡を作ったりするお米を作ってた。戸谷の田んぼやけんど、深田《ふかだ》(泥の深い田)やったなぁ。私はなぁ、背ぇ低いから、宮田に入ったら、腰まではまってしまうんや。足を抜こうにも、抜かれへんで思うように動かれへんやった。

　小川の田んぼは深田が多うて、石や木を放り込んだんやけど、やっぱり深田で、田植えはたいへんやったで。


そういえば、深田で使う船や木で作られた田下駄《たげた》などの民具を資料館で見たことがあります。

「田げた、うちにもまだあるで。肥え踏みもある」と智恵子さん。


　小川に住み始めた頃、恵美子さんが一人で植えた苗田《なえだ》(育苗用のいわゆる苗代《なわしろ》をつくる田のこと。育てた苗を使ってから、そこにも田植えをする)を見に行った時、あまりにもキレイでまっすぐな縦横で、本当に機械で植えたようだったのにビックリ。それも「こんな小さな田んぼ、半日もかからへんで」と。さすが、と二人で本当に感心しました。


　田んぼ仕事の時、朴葉《ほおば》に栃《とち》餅とかヨモギ餅とか巻いたのをいただいたけんど、おいしかったでぇ。朴葉に包んで蒸してやわらこうして食べた。香りをつけるのもやけんど、菌を抑えるのもあったんやろうなぁ。

　餅は田んぼ仕事前に作っとく。田んぼするときにはそんな時間あらへんもん。丸い餅やった。一度搗き立ての餅にきな粉をまぶして朴葉につつんだのをいただいたけんど、おいしなかった。餅は一度固くして蒸さんとおいしないなぁ。

## 3

# 草取り

田植えが終わったら、一番草《いちばんぐさ》、二番草ってみんな取ってた。7月24日、夏いさみの頃までに採らんなあかん。稲の穂が出るから。

昔はキチキチしてたで。二番は半夏生《はんげしょう》から、三番は、7月中旬ごろから。穂原になったら折れたらあかんやろう。取ってる間にもう取ったところの草が大きうなって、二番草と三番草は間がなくて、ず～っと草取りせんならんやった。

榊は雨の日には田んぼ仕事はしないのと、除草剤を使っていないこともあり、一番草取りが終わったらすぐ二番草取り、まだ二番草取りが終わっていないのに最初の方にはもう三番草が大きくなってきて、6月から7月は稲穂が出てきて、もう田んぼに入れなくなるまでず～っと草取りに追われます。

水田の中での草取りは膝《ひざ》や腰にこたえます。除草剤を使用していても、少ないですが草は出てきます。でも、最近は皆さんあきらめて草取りには入っていません。それどころか、どんどん耕作面積が少なくなり、寂しいかぎりです。

4

# 稲刈り

暑い8月が過ぎて秋風が吹くようになると、稲穂は金色に熟し、頭を下げていきます。今は田植えも5月と早くなったので、稲刈りも9月中には終わってしまいますが、昔は6月からの田植えだったので、稲刈りは9月末、お彼岸の頃からだったそうです。秋祭りは、稲刈りが終わって本当に収穫を祝うお祭りだったのでしょう。

以前はコンバイン（稲刈り＋脱穀機）などなく、鎌で稲の根本を刈っていき、15cmほどの束にして藁でくくります。それを半分に分けて稲《いな》木《ぎ》にかけて乾燥させていました。

稲刈りはそんなにドロドロにならへんし、ご飯は家に入って普通に食べてたで。

稲木に使っていた穴の開いた木は「あなだつ」いうて、穴が開いていて、立ててあったからそう言うんやろうなぁ。だいたい12段やったけんど、さじろうのは14段あったなぁ。「あなだつ」は1年中ずっと立ててあった。

稲木に登るのは男だけとちゃうで。10段もある稲木に私も登って稲を架けたわ。せんならんかったから、怖いなんて言ってられへん。

下から稲束を投げるのも女の仕事なんやけんど、おばぁは力がのうてよう上まで放らへんから、竹竿にかけて渡してくれてたで。

今年（2018年）みたいに天気が悪い日が続いたら上2段ぐらいは雨に濡れて稲穂に芽が出てくるんや。見上げたら上だけ青くなってるんやで。もうそうなったらお米にならへん。ほんま悲しかったわ。

朽木では稲木を立てるのに、「あなだつ」という栗の板に等間隔で10cmほどの穴を開け、それを田んぼの畔に一年中2本対で立てておき、稲を架けるとき、その穴に横木を渡してその横木にくくった稲を架けていきます。

私の故郷（兵庫県養父市）では、一年中立てっぱなしにする「あなだつ」のようなものはなく、収穫時田んぼの中に直径10cmほどの杉の丸太を組んで稲木を立てていました。その一番下の横木に藁で編んだ縄を輪が下になるようにくくりつけてブランコを作ってもらい、遊んだものでした。

「あなだつ」で稲架《はさ》掛けした稲

5

# 脱穀から精米まで

（稲が乾燥して）「あなだつ」から下したら足踏み脱穀やなぁ。脱穀して籾《もみ》にするやろう。それを籾通しっていうて、１cm角ぐらいの通しがあって、そこを通した。そこに籾を通したら、ゴミや藁がよれる（分けられる）。米とゴミとをよって、そして「じごく」に入れるんや。

部屋に羽目板《はめいた》のようなもんをして、籾入れとくやつがあったんや。すえつけて置いてある大きな入れ物や。うちら、蔵の奥にまだあるで。あれはうちら、「じごく」言うとった。

そうそう、「こめじごく」って言うてた。籾のまま置いとくんや。どの家にもあったで。籾入れてあったら、雪の中でも籾すりできたわ。

昔は籾を俵《たわら》に入れて、「じごく」に置いとった。じきに「かます」ばっかりになったけんど。

うちらは俵は知らん。「かます」やったわ。「かます」って、むしろを半分に折って袋にしたやつ。お米を供出する時、「かます」に入れて出してた。供出は、農協に出す米、売るやつや。

籾すりは、赤土で作った大きい籾する臼《うす》があったんや。家族みんなでグルグルするやつが。こんな長い棒がついていて、それをグ〜っと押したら回るようになっとった。みんなで押したらグルグル回るんや。私は小さかったから、「お前が向こうやらんなん時ぶら下がるさかいよう回らへんのや」って叱られたのをよ〜覚えとるわ。

一人でしようとしたら、重うて、重うて。三つほど回したらもうできひんもん。

そんなもん、一人ではできへん。三人ほどでしとった。どこの家にもあったで。たいちさんがしてくれるようになって、回ってくれるようになったんや。それまでみんな家でしとったで。

きゅうべいのは違ったで。なんか、カネ（金属製）のなぁ、なんか新しかったで、たぶん。あれも手で動かしたと思う。電気なんか来とらんかったもんなぁ。

その次に「とうみ（唐箕《とうみ》）」しとった。回して風を当てて籾殻《もみがら》と米を分ける。「とうみ」はどこの家にでもある。今でも使ってるで。昔はいかかった（大きかった）けんど、中途から買うて、それは小さかった。ほんで歯車のついとるやつやろう？　そのあと「せんごく」か「まんごく」するんや。

昔は「まんごく」や「せんごく」ちゅうて、米と籾を分けさせたやつがあった。一般的には「せんごく」やったんやけどなぁ、ちょっと上等は「まんごく」や。臼で挽いてもきれいにとれへんやろう。それを分かれさすのが「せんごく」やら「まんごく」言うて、上からだらだら流して、籾とお米（玄米）とに分けさせる。斜めにしている網があって、上から流したら、ええ米からええ米から先に落ちるし、最後に残って籾が落ちる。落ちたええ米が玄米や。

どこの家でも川（谷川）から水、引いとる溝があるやろう、それを最後に利用して水車にするんや。それで玄米を精米するんや。そんなたいしたもんやなかったで。

そやけど、戸谷には二つ三つ、大きいのがあったなぁ。竹で組んだのがいくつか回っとったなぁ。そりゃぁ、回らなんだらあんなもんコトンと落ちひんもん。

今でも床鍋の橋の所にあったんを覚えとるわ。床鍋ではうちと彦坂とが仲間になってた（いっしょに使っていた）。

久多では「がったり」やったで。ガタンッて落ちてからまた時間かかるさかいに……昔はのんきなことしていたんやなぁ。精米をそれでしとったんや。谷の水利用して、水車で精米してたんや。小屋の中には杵《きね》があって、臼がトントンしとったなぁ。ゴットンゴットン搗いてた。

刈り取りした稲は、稲木に稲架掛《はさが》けして乾燥します。お米は、稲架掛けして天日で乾燥させたほうがおいしい、と言います。でも、今の小川では猿や鳩《はと》などに稲架掛けした米を食べられ

稲木

てしまうので、機械で乾燥せざるを得ません。

乾燥した稲は、足で踏んで脱穀し（藁と籾に分ける）、籾通しにかけて藁をふるい分けます。できた籾は「かます」または「米俵」に入れて、「じごく」と呼ばれる備え付けの籾入れに保管します。

次は籾すりの臼で籾をすり、「とうみ」で風を当て、籾殻とお米（玄米）に分けます。それから「まんごく」や「せんごく」を通してもっときれいに籾殻をふるい分けます。

最後に水を引いた水車で精米してようやくお米が出来上がります。昔はすべて各家でお米作りは行われていたようです。

針畑筋は標高が高く、涼しくて田んぼに引く山水の水温も低いので、お米の収穫量は少ないのですが、おいしいお米が穫れると言います。50～60年ほど前まで、こんなに手をかけてお米を作っていたとは驚きでした。そして、そのお米は、さぞかしおいしかっただろうと思います。

# 8 山仕事

しこぶちさんの裏谷（梁が谷）にそびえたつ栃の大木

# 山仕事

冬、男の人は山で筏《いかだ》をくくるのに使うネソ（マネソ・マンサク）を切って、火を焚《た》いてネソをあぶって、曲がりやすくしてたんや。

3月末、「春ネソ」を切りに山に登るんや、ネソは山の高いところに生えとるから。柴を束ねるのに頭をくくるのはネソ、尻は藤でくくっていたけんど、ネソが大きゅうなって、いいネソが取れなくなったんで、藤を使うようになったんや。

4月、雪が融けたら、ホトラ山の山焼きをしてた。いい草を生やすために（ホトラ）山を焼くんや。箒《ほうき》を山に持って入ってな、焼く場所の周りの落ち葉を掃き清めて、火が燃え移らんようにしてから、焼くんや。上から上から火つけて燃やしていくんや。ほんで、ホトラ山の山入りするんや。燃やしたらあかんとこ燃やしてしもうて、じぃが腰抜かしていんで（帰って）しもうたこともあったわ。

春になったら（晩秋のこともある）、柴刈りに行く。柴は、炭焼きや榾木《ほだぎ》（シイタケ栽培用の原木）で伐った木の枝を焚き木にするんに取りに行くんや。これは女の仕事やで。

田植え前には、杉起こしや下草刈りに山に入ったで。杉起こしは、雪で倒された杉の苗を起こしてやる。1本1本起こしていくんや。

川向うの山はうちのホトラ山やったんや。その山から川原までの間はヨシが生えてて、6月、まだヨシが硬くならんうちにヨシ刈りして、牛の餌《えさ》にしてたんや。

盆過ぎには（16日朝から）「ホトラ刈り」に行くんや。ええ草（ホトラ）刈って干しといて、牛の下に敷いといて、ええ肥えにしたんや。

昔はみんな山仕事をしてたやろう。わたしら女も一緒に山仕事の道具、索道《さくどう》*なんかを少しずつ束ねて山に持って上がったで。10kg（500m分のワイヤー）ぐらいは担いだなぁ。10人ぐらい並んで登った。細い線を先にあげてから、太い線を引っ張り上げたりもしたわ。

山の中でマンガンを掘っていたんで、それも負うて下りたわ。しんのじょうの上の山すそにマンガン小屋が建っていたんや。

＊空中にワイヤーロープを渡して吊るした物資を運ぶ設備。

2

# 炭焼き

一年中、炭焼きはしてたで。生計立てるんはそれしかなかったからなぁ。火の番は1日から1日半ぐらいしてた。炭や切れ端を燃やすんや。（上手に燃やさないと、半生のガシラになる、と榊。）栗は炭にならへん。はじいてあぶないからなぁ。

山で伐った木を、炭焼き小屋まで運ぶんに、いかい（大きい）木は持たれへんから残して運んでたら「センゴクやマンゴクみたいな運び方して」って言われたわ。センゴクって、ほら、お米と籾を分ける機械や。いかい木は残して、運びやすい木ばっかり運んでたからそう言われたんや。

炭焼きは家の持ち山だけじゃぁあらへん、借りて作ったりもしたで。あっこ（お宮さんの裏山の方）の真ん中へんにも借りてしてたで。私も炭を2俵《ひょう》（炭俵《すみだわら》で）、しょって（背《せ》負《お》って・背負子《しょいこ》で担いで）山から下りたで。急やから、滑り落ちそうで下りるん、怖かったわぁ。

小川から（6km近くの）山道を歩いて、梅ノ木まで炭を売りに行ってたで。リヤカーに10俵、最高15俵積んで行った。火鋏（梅ノ木までにある谷。今は石橋が掛かっている）の坂がきつくて、リヤカーにブレーキを取り付けて、ブレーキをかけながら下りて行ったんや。1日2回往復してたわ。冬の雪んときには3俵しょって持って行った。女は2俵しょったで。

ちなみに、炭俵1俵は約15kgです。30kgもの炭俵を背負って山から下すのは、大変な重労働だったと思います。ましてや、危険な梅ノ木までの崖路、それも雪道を6kmも往復するのは本当に大変だっただろう、と思いを馳《は》せます。

生杉・栄さんの炭窯

3

# 朽木雲洞谷の炭焼き

朽木雲洞谷《うとだに》で、新しい炭焼き窯《がま》を作って炭を焼くというので、見学会に参加しました。朽木で行われていた炭焼きはおそらく同じような方法で行われていたでしょう。

山際の斜面を利用して、石で囲い赤土を叩いて固めて窯を作り、窯ができたら窯を覆う屋根をかけます。陶器を薪《まき》で焼く穴窯に似ていますか。

木炭になる木を入れる窯の内部の大きさは、幅2・5m・奥行2m・高さ1・5mの空間になっています。それに焚口《たきぐち》と、木や焼けた木炭の出し入れに便利なように、人一人がしゃがんで通れる便利口がつけられています。

山で伐り出した、コナラなどのカナギを一定の長さ約1・3mに、また直径が大きな木は縦割りにして、大きさと長さを揃えます。窯に入れる量ができたら、窯の奥から順番に立てて並べて詰めていきます。便利口はここでいったんレンガと土で塞《ふさ》いでしまいます。

詰め終わると、火入れを。焚口から昇った火が回り、窯の中が一定の温度になった頃合いを見計らい焚口を赤土で塞ぎ、蒸し焼きにします。煙突から出る煙の匂いや煙の色を見ながら、頃合いを見て煙突も塞ぎ、蒸し焼き上がるのを数日待ちます。

焼きあがり、窯中の温度が下がったら、便利口に積み塞いである耐火レンガと土を退《の》けて、炭を出します。窯入れから窯出しまで、4~5日で一窯の炭が焼き上がりますか。

今回の窯では、炭俵24俵分の炭が焼けるとのこと。かなり大きな窯ですネ。

朽木雲洞谷では、昭和31年(1956)ごろが炭焼きの全盛期で、高度経済成長とともに焼く人も少なくなったと。焼かれた炭は、朽木市場に出荷されていたそうです。

(2019年3月9日　ブログ「朽木小川より　iti　のデジカメ日記」より)

雲洞谷の炭焼き

4

# 筏流し

筏流すときの水止め、（久多の）宮の町は清水の上、石垣が組んであって、そこがよかったんや。そこに筏流すとき、前の日から木を置いて留めをこしらえて水を溜めてな、おぉ〜おぉ〜なるよう溜めてた。ほしてあくる日水を抜くんや。留めを抜いてその時の水の勢いで筏を流したんや。

私の兄は、体が大きくて力もあったさかい、筏師をしてた。その留めを抜くんは危険な作業やったけんど、兄がしていたわ。

土用に杉を伐って皮はいで、雪が降ったら奥の方から流してきて、そこに挙げて筏に組んだんや。トラックが来るようになったら筏流さんようになったなぁ。

筏にする木の端に穴をあけて藤で組んで筏にするやろう。春になったら、「ねごろ」（筏にした木の切れ端）をぎょうさん風呂にくべるのに、とりなしに（一つ残さず）拾ったがな。たきもんにしたんや。久多では冬、坂が多いから雪の上を杉を引いた。細い杉を私も引いたで。

うちら、そんなんしたことない。と恵美子さん（小川では坂が急で危ないから？）。

戸谷の河原は「オウドウ」と言って、材木を置いておくところだったそうです。ここに木を寄せて置き、そこで木の端を切って、真ん中に穴をあけて次の木とつなぎ、ネソ（マンサクの若木）で筏に組んでいきます。

さじろうのおじいさんは冬、ネソを切り、山で火を焚いてネソを曲げて筏を組むネソにしていたそうです。（このネソは「真ねそ」だった、と。）

5

# 一本流し

杉や檜《ひのき》は春先と土用までに伐り倒して適当な長さに伐って置いとく。下せるのんは（山《やま》裾《すそ》まで）下しておいた。いかい（大きい）のは冬になったら、雪の上を滑らして下せるから、取りに行くんや。それは男の仕事や。

雪の山にかんじき履いて入るんや。万力《まんりき》を木の切り口に打ち込んで、引っ張るんや。下に丸太を敷いたりして。急な斜面は後ろに引っ張りながらブレーキをかけるようにして下すんやけど、スピードが出すぎて、急に滑り落ちてきて、危ないときもあるんや。そん時は急いで横にのけんと大けがをする。何回も怖い思いしたわ。

木は川べりまで下して積んどく。それを春、雪解けの頃に流すんや。筏流しは父親や祖父の時代や。一本流しはしたで。一本流し、いうても、集めてた木をまとめて流すんやで。筏に組まへんだけや。

流した木について行って、岩に引っかかったりして流れんようになった木を川に入って流したんや。止まった木が後の木を堰《せ》き止めて水嵩《みずかさ》も上がってくるから、流したあと、巻き込まれんように大急ぎで逃げんと危ないんや。

（久多の）川合《かわい》から下は（久多川と合流するから）水も多うなるし、深いところも多いから、危なかった。梅ノ木では木で堰き止めて、流した木を上げるんや。そこからはトラックで運んで行った。

「佐々江さんは筏に乗ってた（筏流しをしていた）んやって。そのあとの人たちは、（筏を）流していたのは知ってたけど、自分たちが乗ったことはないって。一本流しは自分たちもしていたけど。（もう筏は組まずに、1本ずつ木を流したようです。）」佐々江さんに聞くと「わしらぁ、もう筏流しはしてへん。一本流しやで」と。「水を堰止めて流す所がいくつかあったそうやで。堰を作って、水を溜めて、バ～ッと堰を破って流して。梅ノ木まで行ったら、流してきた木を揚げて、梅ノ木からトラックで運んだんやって。

戸谷の川原　「小川津」があったと言われる

ただ、流し方がへたくそやったら、岩にあたったりして、こ～んなになるんやって（ひっくり返って乗り上げてしまう）。

「戸谷の大城戸さんの前の方で茂さんは岩の上から水の中に落ちたんやって。誰かが竿を出してくれて、それにつかまって助かったけど、死ぬかと思ったって。

針畑川は水が少ないからそうやって堰を作って流していたらしいで。横から農業用の水路を取っていたから、そんな堰ができたんや（作れた）って、言ってたよ」と榊が聞いてきました。

道が良くなり、トラックで木を運ぶようになり、危険な筏流しや一本流しはしなくなりました。小川には筏乗りをしていた人はもう誰も残っていません。

6

# 茅葺き

11月にカヤ刈って、「カヤタテ」っちゅって、から、カヤはそこに立てとく。4月か……雪消えてから、カヤのタテをな、濡れとったら家の軒《のき》に干して、それからくくって家の2階に上げてあった。

カヤは、カヤ平《だいら》（カヤを生い茂らせた土地）ってなぁ、こんな平があるんや。それぞれの家がめいめいに、カヤ平って持っとんや。お宮さんの向かいに杉、植えてあるやろう、あこが全部そうやった。そんで、うちはそんなん（カヤ平）あらへんし、よう、さじろうのんもらいに行って刈ったけんどな。

カヤ葺《ふ》くのんは、何年に1回かって？あれしたらや、破れたら変える。頼むんや。若狭からな、専門の屋根葺きっておるんや。それを頼んで、ほしていっかかっても、葺いてもらうまで、家で泊めて、毎日風呂沸《わ》かしてな、家の人も手伝いながらする。

屋根はほら、コマとかオオマ（大間）とかあるやろう。コマがあかなんだら、（コマを）全部変える。コマは大屋根と違うて、三角の屋根や。大屋根やったら、破れたとこだけ直せる。

全部破れたら、大変やで。金も相当かかるし。あん時でも結構かかったんやけぇ、今やったら、なんぼうかかるか知らん。うちらぁ、もうトタンでまいたさけぇ、せんでええけんど、あんなもん、もうしてたら、大変やわ。

昔はほら、中で火、焚《た》いとったやろう、そんで煤《すす》でいぶしとるさかい、乾いたけんど、今は何にも火焚かんし、みんな湿気《しけ》るやろう、湿気るさけぇ、よけい早う傷《いた》むんや。

毎日朝晩掃除せんと、埃《ほこり》まみれになったで。火焚いてるもん（囲炉裏で）。昔は（柱や戸など）磨いたけどなぁ。このストーブ（石油ストーブ）なってから、なんでやろう……拭《ふ》いたらぽろぽろ取れてくる。トタン屋根にしたんは、40年ぐらい前かなぁ。

茅《かや》葺き屋根の頃、茅は毎年刈って、ツシ（屋根裏）に上げて保管しておきます。屋根の葺き替えに必要だからです。囲炉裏を焚いているので、その煙で茅は乾きました。「囲炉裏にくべんのは長い木やで。端からくべて燃えていくから木をどんどん押していくんや。家ン中、煙たかったで」と聞きます。

　茅葺きの屋根は葺き替えも大変なので、ほとんどの家はトタンを茅葺きの上からかぶせています。トタンだと、冬、雪が積もっても、急勾《きゅうこう》配《ばい》の屋根の上を雪が滑り落ちます。茅葺きだと、雪が滑り落ちるときに茅も引っ張ってしまうそうです。トタン屋根にしてから茅を保管する必要もなくなり、暖房も囲炉裏から石油ストーブに代わりました。

7

# ホトラ刈り

盆過ぎ、８月16日朝からホトラ山で伸びてきた木を刈って、刈ったまま置いといたら乾いてくるやろう。それを集めて縛《しば》って、山からゴロゴロまくって（転がして落として）そこからしょって（背負って）帰るんや。藁《わら》のつがえでくくって山からまくって下ろしたんやけんど、刈りあとの枝なんかに引っかかってスムーズには下りなんだ。

そういえば、昔は水筒なんてあらへんやろう？ 喉《のど》が渇いても、下に降りるまでは何にも飲まれへん。上から見たら、川の水がおいしそうに見えて、早う下りて水を飲みたいなぁ～って、ほんまに思ったで。

持って帰ったホトラは牛小屋に敷《し》くんや。牛小屋に半年敷いて、そのあと肥やし小屋に入れておいて、春田起こしの時、田んぼに入れて踏むんや。

ホトラ刈りは、牛小屋に敷く草（若木）を山に登って刈ること。刈ったホトラは山の上に広げて干して、昼ご飯を食べに行き、お昼から山から下します。

ホトラ山から刈ってきた草を牛小屋の床に敷き、その後肥え小屋に入れておいて、春になるとそのホトラの肥やしを田んぼに入れ、肥料にしました。

ホトラ山（各家でホトラ山は決まっていた）で刈る面積は決めてあり、場所を変えて３年ごとに刈っていくと、ちょうど次に刈るぐらいまでに草木が伸びているそうです。

「さじろうのホトラ山は、しこぶちさんの川向いの山やった」と。そういえば川際にある杉林の奥の山は大きな木はなく、まだ若いナラなどの雑木ばかりで、秋にはナラ紅葉のきれいな山です。

ホトラ刈り姿

8

# 柴刈り

男の人たちが炭造りや榾木《ほだぎ》作りなどに使う木を伐ったあと、伐採《ばっさい》した木の乾いた枝葉を切り、「束ねて山からまくって（転がり落として）、下まで降ろすのは、「柴刈り」言うて女の役目やった。何束も背負って山から下りたで」。

男の人が木を伐って、枝を落としたんが山ん中にひとっところにまとめて積んであるんや。それの長さを、そうやな……1m50㎝ぐらいに揃えて、まとめて括って、山から降ろすんや。昔は石油やガスなんかあらへんから燃料に使うんや。

括るんはネソやクズフジを使ったなぁ。ネソは山の上の方に行かんとあらへんやったけど、クズフジは川原なんかにぎょうさんあったからな、それを取って乾かしとくんや。背負うんには縄を使うで。冬の間に藁で縄を作っとくんや。柴刈り行くときはそんなネソやクズフジやら縄に、「ハシナタ」言うて柴作るときに使う鉈《なた》も持っていくから、行くときも大荷物やで。

朝山に行ったら、ハシナタで枝の長さ揃えてまとめて括ったのんをいくつもこしらえるやろう、100束ぐらい作って置いとったで。ほんで下りる時、それを道までまくって落として。まくるって言うたって、途中で引っかかってたいへんやで。道まで降ろしたら背負って帰るんや。1回に1束か、多うても2束くらいしか背負われへんわ。100束ぐらいあるから1日では降ろされへん。何日もかけて取りに行ってたで。

# 9　麻布作り

「麻の繊維をつなぐ技・苧《お》績《う》み体験」で苧績みを披露する

## 1

# 麻の栽培と苧

針畑の女性は、1年をかけて、麻を栽培し、その繊維から糸を紡《つむ》ぎ、布を織って、生活に必要な衣服を縫っていました。もちろん、朽木小川でも、嫁いできたら姑と一緒に麻を紡ぐ日々が始まります。

子どもの頃から、母親や祖母が麻を作るのを見て、「根切り」などは子どもの仕事のように手伝って育っているので、きっと嫁いでからの麻布作りもごく普通の家事・仕事として受け入れられていたのでしょう。

「小さいころ、家では麻を作っとった。畑で作って、夏に刈り入れたら、大根を植えるんや」と、智恵子さんも麻作りは知っています。

小川で麻布作りをしていたフジさんと恵美子さんに聞き取りをしました。

4月になったら、麻畑を鍬《くわ》で耕して、20cm間隔にすじを作って、そこに麻の種を蒔《ま》くんや。「麻畑は深う掘れ」言うとった。

麻畑はそれぞれの家で決まってた。毎年おんなじ畑に麻を作ってたで。麻の種は山椒《さんしょ》の実ぐらいの大きさで、麻の木を全部採らへんで種用に残しておいて種を取っとったんや。

畑にはポロポロと細かい間隔で種を蒔いて行った。間を細かくして枝を出にくうしたんや。詰まって植えるから、土かけは杉の枝に小さな石をくくりつけてそれを腰につけてな、「杉のシッポ」って言ってたんやけんどな、それを引っ張りながら種を蒔くんや。そしたら「杉のシッポ」が土をかけてくれるやろう。こうしたら麻畑に種蒔いたあと、もう入らんでええから、二度手間にならへんかった。昔の人はおもしろいこと、考えるやろう?

種蒔いたらあとはほっといたらええんや。ほっといたら大きいなるさかい。水やりもせなんだで。麻は大きいなるから、子どもん時、かくれんぼで麻の間に隠れて、よう怒られたわ。

8月に入ったらすぐ、「麻引き」せんならん。麻は親指ほど、ちょうど4色ボールペンぐら

フジさんが昔織った麻布

いの太さで、長さは手を伸ばしても届かへんぐらいになっとる。

麻を引いて（上向きに引っ張って土から抜く）、鉈《なた》で根切りするんや。根切りは子供のころからみんなやらされていたで。

根切りしたあと、鎌《かま》の背で葉をしごくようにして放るんや。葉と根は畑にそんままほっとく。茎は10㎝ぐらいの束にして藁でくくる。ほんで、そのまんまやったら長いさけぇ、半分か3等分ぐらいのとこを槌《つち》でたたいて柔らこうして曲げてから、その束をいくつか寄せて大きな束にして、両脇を藁縄でしっかりくくって「くくり」を作るんや。麻蒸し桶《おけ》に入るぐらいの大きさにしたんや。それを河原に運んだ。

戸谷《とたん》の川と大川（針畑川）が合わさるとこの下の河原で、うちらぁさくじときゅうべぇとくずのの3軒のおなご（女性）総出で作業したんや。男は山仕事してたから、麻の仕事はせぇへんで。上のしょうずとせいべいの2軒は戸谷のもうちょっと上のほうで作業してたんちゃうか。

河原に石を敷いて、石と赤土で大きな「おくどさん」（竈《かまど》）をこしらえるんや。うちのおじいちゃんが竈作りが上手やったから、いっつもこしらえてくれてた。これに大きな鍋を乗せて赤土で「おくどさん」と固めてた（鍋を固定していた）。この竈と鍋とは二百十日《にひゃくとおか》（9月1日ごろ）の麻こきが終わるまで河原に置いてあったわ。

大きな鍋に水を入れて、そこに「くくり」を入れて、「麻蒸し桶《おけ》」っちゅう大きな桶をかぶせるんや。ときどき桶をずらして蒸し加減を見るんや。麻の皮がむけるぐらいの蒸し加減になったらええんや。

蒸しあがったら、桶を2〜3人で倒して、ドンドラドンと麻の「くくり」を川にはめる（入れる）。こんときは、熱いから板か何かを押すのに使ってたんちゃうか。

鍋は倒さへん。これに次の家の「くくり」を入れてまた蒸し桶をかぶせて蒸す。三つの家が交代して順番に蒸していくんや。

川で冷やした麻の皮を指でひねったらツルッと簡単にむけるんや。そのむいた皮を家の軒《のき》に竿《さお》にかけて干しとく。

麻の中身を「麻木《あさぎ》」って言うとった。真っ白で、火種にしたり、お盆の行事に使ったりしたんや。

お盆に30㎝ぐらいの長さで10㎝ぐらいの束にしたのを松明《たいまつ》にして、仏さんを送るとき河原に作る「六地蔵」の横で燃やしてお供えを流しとった。これを「おしょらいさん送り」言うんや。

ほんでな、「麻木」は干して乾かして火種にするんやけんど、マッチですぐに火が点《つ》いたさかい、「かまど」で料理するのに火を起こす「たきつけ」にしとった。「かまど」にすぐ火が点いて、重宝したんやわ。

麻はぎょうさん（たくさん）あるから一日中「麻引き」から「皮剥《は》ぎ」まで、何度もするんや。そんなもん、一日では終わらへん。何日もかけてしとった。

二百十日、うら盆になったら「麻こき」（麻の鬼皮をむく）をせんならん。

河原の鍋に灰と水を入れて、それで乾かしとった麻の皮を炊くんや。そんで炊いた麻の皮を川水に漬けて、しのぶ竹の細いの2本で麻の皮を挟んでしごいたら、鬼皮がむけるんや。鬼皮はそのまま水に流しとく。鬼皮をむいたあとの麻の皮を「苧《お》」っちゅうんや。

苧をつづら折りにたたんで、四角いのしにして持って帰って、家の外にダランと干しとく。苧につづら折りの跡がついてたわ。

乾いたら束ねて、家の中につらくって（吊って）片づけておいた。

秋になったら、「捨て肥え」をするんや。雪が降る前に、桶に便所の肥えを入れて麻畑に撒いとく。便所が空になるぐらい撒いたで。

## 2 糸紡ぎから麻布を織る

正月過ぎたら「苧《お》績《う》み」せんならん。糸紡《つむ》ぎや。

滑りがよう（良く）なるよう湯に苧を入れて、菜種《なたね》油をちょっとだけ落として、そのあと湯からあげて板の間で苧の端持ってしばくんや（苧の一方を持って、思い切り板の間にたたきつける）。そしたらサラサラと剥《は》がれてくる。囲炉裏の脇に竿を渡してあるさかいに、そこに掛けて干しとく。

そん次は苧を細こう績《う》んでいく（細かくさばいていく）。左手に苧を持って右手でちょっとずつ繊維をはがしてさばいていくんや。

口にくわえてもっと細こうさばいて、最後につないでいく分を手でクリクリして、頭を三つに組んでから（頭とわかるようにする）、台所に竹の竿を渡してあるさけぇ、そこに干しとく。

次の日に、細くなった繊維1本の端にもう1本の繊維を乗せて指で捻《ねじ》って撚《よ》りをかけながら繊維をつないでいくんや。つないで糸になった繊維は、苧桶《おおけ》に入れていく。これが「苧績み」や。苧桶は、嫁いだ時に自分用に用意してもらったもんや。「嫁の苧桶」ゆうてたわ。恵美子さんは地《じ》のひとやさけぇ、近所の人と寄り合って苧績みしてたみたいやけんど、うちは久多から嫁に来たさけぇ一緒にはせなんだ。

苧績みして、つなぎきれへんやった繊維は、親指と小指で8の字をかくように巻き取って端がわかるようにして「苧桶」の上に置いて、次ん日まで置いとく。次ん日にその端から始めたらええやろう。

苧績みは晩ご飯食べてからもず～っと夜なべでもしてたで。

苧績みが終わったら、だいたい2月中頃かなぁ、ブイブイする。苧績みした麻糸を濡らして撚りをかけながら巻き取っていくんや(麻糸専用の糸巻き機を使います)。

績んだ苧を先（端）がわかるように丸くしてから浅い桶に入れて濡らす。一度桶からあげて水を捨てて、もういっぺん桶に入れて足で踏んでちょっと水を絞《しぼ》るんや。

左手で糸を持って、左足の親指と中指の間に引っかけて、右手で（ブイブイの）車輪を回して糸を引いて、いっぱいに糸を引いた後、車輪を緩《ゆる》めて、左足の前にある竹の棒（しのべ竹）に巻き取っていくんや。こんとき、左足を右・左に動かして、糸が平均して巻き取られるようにせんとあかん。

濡れた苧（糸）を左足にかけるさけぇ、囲炉裏なんかの火を焚くとこでしてた。足先を火の方に向けてあったためながらブイブイしとったで。

ブイブイした後、綛《かせ》（糸を巻いて束にしたもの）にする。ひと綛分を「時計綛」に巻いとった。「時計綛」は六角の糸巻きで、それに巻いとった。

ブイブイがすんだら「あるく」んや。台にきれいな棒が3本ぐらい立ててあるのんをいくつか並べて、端から糸を何本か持って棒のとこを歩いて糸を渡していくんや。「あるく」をして一反《たん》の長さに糸を揃えるんや。

「あるく」先に機織りの機械が置いてあるさけぇ、歩いた最後に筬《おさ》（タテ糸を通す櫛《くし》の歯状の用具）を通して畦《あぜ》を拾う（上と下に交互に分けて組んでいく）んや。

ここで「先に畦を拾ってから「あるく」せぇへんやったか？」と恵美子さん。機械や道具もないまま、記憶だけを頼りに想い出してもらっているので、少しわからないところが残ります。）

次は糊《のり》づけや。雄松《おまつ》（クロマツの別称）の葉を10㎝ぐらいの束にして乾かしたのんをぎょうさん作っとくんや。刷毛《はけ》やな。すぐに使えんようになるさけぇ。

松の刷毛で、筬通しの終わった糸に糊をつけていくんや。「いりなべ」（浅い大きな石の鍋）に灰を入れて炭火を起こしておいて、それを下に置いて乾かしながら糊づけするんや。筬通しが終わってるさかいに、糸は筬の幅になっとる。

糊づけが終わったら、糊がくっつかんようにｌ「はたぎ」（30㎝ほどの長さでペタンとしたきれいな竹）を何本も間に挟みながら機械に巻き取っていくんや。


ほんで、横糸を渡しながら織っていくんや。足が冷とうなるで、瓦《かわら》の炬燵《こたつ》（瓦焼きの置き炬燵）を足元に置いて足をぬくめながら織ったわ。奈良のお水取りの時期（3月上旬）で、よう天候が荒れるんで「あるきがみ」って言うた時期やったで、機織りは寒かったわなぁ。春まで機織りして、ひと冬で（3月中に）ｌ反の麻布を織っとったで。

麻布の幅は「ななつなから(七つ半)」、「むっつなから（六つ半）」とかあって、績んだ糸の細さによって幅が違ってきたんや。「ななつなから」のほうが細いんやで。うちの織ったんは「ななつなから」やったから、姑さんがいつも「細い糸を作れる」言うとった。

織った麻布は、次の冬、雪がぎょうさん降った時に、雪が新しい間に田んぼの雪の上にｌ週間ほど広げてさらしとくと、真っ白になったわなぁ。とっても美しかったで。


麻布で「はんこ」（うわっぱり）を作ったんや。神主の時、御殿の掃除や花を取りに行くときの作業着にしたんや。ほんで、麻で作った「カルサン」（ズボン）は、丈夫で木の枝が引っかかっても破れへんし、山仕事んときに着とったわ。麻の着物はぬくとかったなぁ。

麻を作る時にも、栃餅《とちもち》作る時にも、木灰は重要やったんや。「灰をせいざい（たくさん）取る嫁をもらえ」ゆうて、言われとった。

麻の仕事ばっかりしてたんとちゃうやろう。ｌ年を通してせんならんことがぎょうさんあったんやで。

小川では男は山仕事せんならんし、麻の仕事はせんやった。

「麻は戦後、ＧＨＱの命令で作れんようになったんや。昭和28年（１９５３）に法律が改正されて、ここいらでも完全に作れんようになった。麻木が取れんようになったから、不便になったなぁ。古川に『ひなや』さんという織物のお店があって、麻織の道具は全部そこが持って行ってしもうたんや」とフジさん。小川で麻織りをしていたのは、フジさん・恵美子さんが最後だったのでしょう。

「せいべいの家の上にみんなで西陣の帯を織るところがあって、そこで私も織ってたんや。そのあと、家でネクタイなんかも織ったで。平成8年（1996）ごろまでは織ってたなぁ。おばあちゃんが病気になって、世話せんとあかんからやめたけど」と智恵子さん。

織りの仕事は針畑筋では「麻布」でなくても、その後もしばらくは続いていたようです。

秋の実り　柿

# 10

# お餅

湖岸の桜が終わった頃に開花する寂静寺の桜

## お餅のあれこれ

他の項でもいくつか紹介しましたが、針畑筋では、事あるごとに、そうでなくても、お米や糯米《もちごめ》を使った食べ物が作られていました。「一年中、お餅やお米使った何かを作っていたんやね～」と智恵子さんに言うと、「それしかなかったから」と。

「男の人は、竹皮と新聞に包んだ餅を風呂敷に包んで、腰につけておくと、硬くならず、暖かい餅が食べれると言って弁当替わりに持って行ってたで」「学校に弁当の代わりにお餅を持って行って教室にあった大きな囲炉裏で焼いて食べてたわ」ということは、力仕事などに腹持ちがいいお餅が大活躍していたのでしょう。

「3月の節句は菱餅《ひしもち》を作る。緑色のヨモギは春茹《ゆ》でて乾燥しておくんや。今は冷凍しておいてもええで。赤い色は栃餅で作る。ヨモギや栃がないときは赤と青の色粉を使って作るんや」

「5月の節句にはちまきや」

「6月と10月のお祭りにはお赤飯を神さん（お宮さん）に供えてた。今は家では供えるけんど、お宮さんには供えへん。これも簡略化や」

「ヨモギは、乾かしてから水で戻してくず米を粉にしたのと混ぜてもんで餅にしていたで」

「土用に餅を食べたらおなかに良いって言われてたさかい土用餅を作っとった」

「お盆、仏さんに14日朝餅搗いて供える。15日はおこわ、こわめしを供えるんや。夜は普通のご飯を供えて、夜中にもち米をはたいてはたき餅作って、16日夜中から朝、カワラボトケ作って仏さんを流すときに供えるんや。13日夜はソーメンを供える」

「春の田んぼ仕事の時は、よもぎ餅や栃餅を作っといて、固くなった餅を朴葉《ほおば》に包んで蒸してお手伝いに来てもらった人に食べてもらってた」等々、お餅の話を始めると次々ときりがないくらい続きます。

2

# かき餅

「かき餅ついいたち（一日）」ちゅうて、6月1日には神主は生のかき餅を供えたんや。神主になったら、その家は冬の間に寒餅（かき餅）を作っておかんとあかん。

寒に搗いてなぁ、6月にならんとなぁ、それまでかき餅は搗いてあっても食べたらアカンっちゅうてな。6月1日にならんと食べなんだ。神主が氏神様に供えたら食べるんや。

一度神主を交代して、と言われて、3月で暖かくなっていたけんど大慌てでかき餅を作ったんや。そやけんど、乾燥させようと縄で編んで2階につらくって（吊るして）あったんやけんど、いつもはうまく乾くのに、そん時はパラパラと餅が落ちてきた。やっぱり、かき餅は寒につくらんとあかんわ。ぬくとうなって来たらなぁ、パラパラと落ちるんや。寒につくったらそんなことならへん。

寒にかき餅は作るけんど、6月1日に神主がお供えするまでは食べたらあかん。どこの家でもかき餅を作ってあっても6月になるまで食べなんだ。こうぞんさんが供えて初めてみんな食べれる。ここら辺ではどこでもや。

かき餅作ったら、うちは蔵に吊るしとくんや。そのまま置いとく。6月になったら初めて食べる。夏のおやつやわ。

養父《やぶ》では、2月の節分にかき餅を作ります。でも、乾いたらすぐおやつになります。3月の節句にはお正月に作った「餅の花」（紅白の小さな餅をクロモジの木の枝に飾りつけたもの。餅花ともいう）のお餅も揚げてあられにして一緒に食べていました。子供が多かった私の家では、夏までかき餅が残ることはありません。

3

# 栃餅

栃餅は「升返し《しょう》」言うて、1升の枡《ます》の栃の実に1升の灰がいるんや。

9月、大風が吹いたら、袋を持って栃拾いに行くんや。昔はようけ落ってたで。あしだにのさくじの家の山に栃のいかい木があってな、たくさん拾ったわなぁ。今でもそん木は残ってるで。

栃は重いやろう。たくさん拾ったから重うていっぺんにはもって下りられへん。袋いくつか持って行って、朝拾ってお昼になったら半分持って帰って、昼からまた取りに行ってたで。

栃を拾って来たら、2～3日水にさらして虫喰いを除けるんや。それから天日でよ～う乾かしておいとく。

寒の時期、その乾燥した栃の実を1週間以上、水にさらすんや。

おくどさんでお湯を沸かしてその中に実を入れて、実の中まで温める。それから外の皮をむいていく。皮は硬くてむきにくいけんど、昔は挟んでむく道具があったんやわ。それを「栃へシ」言うとった。お姑さんはそれを使っていたけど、うちらぁは金槌《かなづち》で叩いてむくわ。皮がむけたら、また3～5日、水にさらす。さらす日数は偶数はあかん。

おくどさんで鍋に湯を沸かす。沸騰させせんでもええから湯がぬくとう（暖かく）なったら、栃の実を入れて、実の中まで温めるんや。煮るんでなしに、温める。頰《ほお》に当ててぬくとうなったのを確認するとええ。そのあと手でさわって熱いぐらい（50℃ぐらい）まで冷まして、栃の実とおんなじ量の木灰をまぶすんや。それをそのまま1日置いとく。

もち米も洗って水に漬けておいて、次の日、栃の実を洗って灰を落として、もち米と一緒に蒸す。米1升3～5合に栃の実7～8合……適当にや。蒸し終わったら餅を搗く。今は餅つき機で搗けるから便利やわ。

4

# 涅槃会の姉さん餅

昨日。涅槃会《ねはんえ》から帰ってきた妻、涅槃会団子と姉《あね》さん餅を持って帰りました。その前に久一さんが軽トラで寄って、青いお団子餅を届けてくれました。

姉さん餅、もち米を臼で挽いて、水でこね、あんこ入りと、生地にあんこを混ぜ込んでと、それぞれを笹の葉2枚で包み、最後に蒸して出来上がり。

「もち米を挽《ひ》くのは、けっこう時間がかかってたいへんやで。笹の葉も裏表を見て巻かんとあかんから……」と。

お団子餅は、やっぱり臼で挽いて粉にしたもち米を一度水でこねて蒸して、それをまた揉んで軟らかくしてあんこを入れて丸めてあります。

（2019年3月16日　ブログ「朽木小川より　iti　のデジカメ日記」より）

お団子作りは参加できませんでしたが、「涅槃会、方丈さんが来るのは10時やから」と、お誘いを受けていました。お寺の掃除と涅槃会の飾りつけなどの準備もあるので、早い目にお寺に上り、お手伝いを。涅槃会が終わり、方丈さんが帰られると、それからがお愉《たの》しみのひと時。皆さん、それぞれ手作りのご馳走やお餅などを出して、一緒にいただきます。なにも準備していない私は「食い逃げ」ですね。

お米を粉にする機械をトモちゃんからもらって、臼で挽かなくてもいいから、と多津子さんがもち米を挽いて、水でこね、笹の葉2枚に包んで蒸した「姉さん餅」を。あんこ入りと、生地にあんこを混ぜ込んでと、2種類作ってあります。

「もち米を粉に挽くんも結構時間がかかってたいへんやで。笹の葉は、山のもんやさかい蒸すか茹でるかして水にあげて1枚1枚きれいに洗って、それで餅を包むんや。それを2枚、葉を表と裏に重ねて、餅を四角く巻いて蒸すんや。けっこう手間やで」と。ほんわかと笹の香りがして、おいしい。「小川ではシカさんが笹の葉を食《は》んでしもうて、いい笹の葉がなくなった」

姉さん餅

とも。
智恵子さんは多津子さんからお米の粉をもらって、青いお団子餅を。粉に青い色粉を入れて水でこねてお団子にして、一度蒸して、それをもんで柔らかくしてあんこを入れてお餅にしてあります。もち米を粉にしてあるので、あっさりとして、いくつでも食べられそう。

5

# 笹餅

端午《たんご》の節句には笹餅《ささもち》を作っていました。一般にいう粽《ちまき》です。臼《うす》で粳米《うるちまい》を挽《ひ》いて粉にして、それをこねて笹で巻いて蒸します。

笹餅、1本1本巻いていくんや。供えるのんは10本くくるんや。一度にぎょうさん作ったんやけど、どっか持って行って配ったら、あっという間におしまいになってしまうもんなぁ。まぁ、それが楽しみで作るんやけどな。最近は山に笹ねぇから、笹餅できんなぁ。

鹿が笹を新芽が出たときに食《は》んでしまうため、どこの山にも下草として生えていた笹がすっかりなくなってしまいました。

# 朽木小川の歳時記

## しこぶちさん・講

| 月 | 日 | しこぶちさん・講 |
|---|---|---|
| 1月 | 1 | 正月参り・お百灯参り・おみと |
| | 5 | 山の口講 |
| | 6 | かんごり始め |
| | 7 | 御供配り |
| | 14 | お日待ち |
| | | (庚申《こうしん》の日)庚申講 |
| | 31 | つもごり |
| 2月 | 1 | 一日講 |
| | 3 | かんごり終わり |
| | 31 | つもごり |
| 3月 | 1 | 一日講 |
| | | 彼岸お勤め(1週間)・お百灯参り・おみと |
| | 31 | つもごり |
| 4月 | 1 | 一日講 |
| | 3 | 神主交代 |
| | 31 | つもごり |
| 5月 | 1 | 一日講 |
| | 31 | つもごり |
| 6月 | 1 | 一日講 |
| | 20 | 祭り・お百灯参り・おみと |
| | 31 | つもごり |

## 寺事

| 月 | 日 | 寺事 |
|---|---|---|
| 1月 | 2 | お寺参り |
| | 26 | てらこ |
| 2月 | 15 | てらこ(涅槃会《ねはんえ》) |
| 3月 | | (彼岸中日)方丈さん説教 |
| 4月 | 8 | てらこ(おつきようか) |
| 5月 | | |
| 6月 | | |

## 山仕事

| 月 | 山仕事 |
|---|---|
| 1月 | |
| 2月 | |
| 3月 | 春ネソ取り<br>筏《いかだ》流し(一本流し) |
| 4月 | ホトラ山焼き<br>柴刈り<br>杉起こし |
| 5月 | |
| 6月 | |

## 米造り

| 月 | 米造り |
|---|---|
| 1月 | |
| 2月 | |
| 3月 | |
| 4月 | 水路整備<br>苗田の荒田起こし<br>籾(種)まき |
| 5月 | 荒田起こし<br>肥え踏み |
| 6月 | 田植え<br>一番草取り |

## 麻布造り

| 月 | 麻布造り |
|---|---|
| 1月 | 苧《おう》績み<br>(雪原に)麻さらし |
| 2月 | ブイブイ(糸巻)<br>あるく、筬《おさ》通し<br>糊《のり》づけ |
| 3月 | 麻布織り |
| 4月 | 種まき |
| 5月 | |
| 6月 | |

| 12月 | 11月 | 10月 | 9月 | 8月 | 7月 |
|---|---|---|---|---|---|
| (庚申の日) 庚申講<br>1 一日講<br>13 お供えを山に取りに<br>20 こうぞん餅つき<br>31 おおつもごり | 1 一日講<br>5 山の口講<br>24 大師講<br>31 つもごり | 1 一日講<br>20 祭り・お百灯参り・おみと<br>31 つもごり | 1 一日講<br>彼岸お勤め（1週間）・お百灯参り・おみと<br>31 つもごり | 1 一日講<br>15 「大般若《だいはんにゃ》波羅《はら》蜜多《みった》経《きょう》」虫干し<br>24 まんどろ<br>31 つもごり | 1 一日講<br>24 まんどろ<br>31 つもごり |

| 12月 | 11月 | 10月 | 9月 | 8月 | 7月 |
|---|---|---|---|---|---|
| | | 22 てらこ（秋休み） | てらこ（彼岸） | 施餓鬼《せがき》法要<br>おしょらい送り<br>24 うら盆 | |

| 12月 | 11月 | 10月 | 9月 | 8月 | 7月 |
|---|---|---|---|---|---|
| | カヤ刈り | | | ホトラ刈り | ヨシ刈り<br>下草刈り<br>（土用）杉伐り |

| 12月 | 11月 | 10月 | 9月 | 8月 | 7月 |
|---|---|---|---|---|---|
| | | | 稲刈り・はざかけ | | 二番草取り<br>三番草取り |

| 12月 | 11月 | 10月 | 9月 | 8月 | 7月 |
|---|---|---|---|---|---|
| | 捨て肥え | | 麻こき（鬼皮剥《は》き） | 麻引き、根切り<br>麻蒸し、皮むき | |

# あとがき

私たち夫婦は、20年前にここの自然に魅せられ、この地に住み始めました。「榊さん、うち、いつも思うとるんやけんど、昔のことなんかしゃべれるもん、だぁれもおらんようなって、なんものうなってしまうんやなぁ……って」と、フジさんから言われたのはもう10年以上も前のことです。

最初は〝おもしろい話〟を聞かせていただいた、という認識でしかなかったのですが、フジさんの言葉から、この小さな集落で営まれてきた氏神様（しこぶちさん）やお寺などの行事や日常の生活など、昭和の高度成長期以前の山奥で生きてきた人々の記録を書き残さなければ、「しこぶちさん」を７００年以上もの間守り続けてきた人々の暮らしが何も知られないままになってしまう、と思うようになりました。そして、住民のほとんどが75歳以上の後期高齢者となり、集落自体、いつ消滅してしまうのか、という状況になりつつある今、ようやくその記録をまとめることができました。

20年にわたる生活の中で聞きかじったことをまとめましたが、うろ覚えになっている部分や、あやふやなままの部分もあります。「そんなこと、うちらぁ、言ってぇへんで」と言われることもあるかもしれません。まだまだ聞きたりないところもあります。でも、榊がここに住み始めて20年の、これを一つの区切りにしたいと思います。

この本をまとめるにあたりアドバイスをいただき、出版にあたってのお言葉をいただいた石田敏《さとし》先生と、素敵なイラストを描いていただいた石脇和《かず》さんに感謝いたします。また、根掘り葉掘り質問する私に嫌な顔もせず応えて、いろいろな興味深い話を聞かせてくださった朽木小川の皆様に深く感謝いたします。

## 参考文献


橋本鉄男編『朽木村史』朽木村教育委員会（1974年・1982年復刻）
朽木村史編さん委員会編『朽木村史　通史編』滋賀県高島市（2010年）
朽木村史編さん委員会編『朽木村史　資料編』滋賀県高島市（2010年）
石田敏『安曇川と筏流し』京都新聞出版センター（2013年）
菅原和之「文化財になったしこぶちさん」『資料集　安曇川流域に伝わるシコブチ神社の建築と重文になった思子淵神社について』高島市教育委員会事務局文化財課（2015年）


## お話をしてくださった皆さん


久保フジさん（昭和3年生まれ）高島市朽木小川在住
大森茂さん（昭和7年生まれ）高島市朽木小川在住
南辻恵美子さん（昭和7年生まれ）高島市朽木小川在住
橋本久一さん（昭和10年生まれ）高島市朽木小川在住
山本茂夫さん（昭和10年生まれ）高島市朽木小川在住
南辻稔さん（昭和14年生まれ）高島市朽木小川在住
南辻多津子さん（昭和15年生まれ）高島市朽木小川在住
橋本智恵子さん（昭和15年生まれ）高島市朽木小川在住
中谷しんさん（昭和19年生まれ）高島市朽木小川在住
彦阪利治さん（昭和36年生まれ）高島市朽木小川在住
西澤チヨさん（大正14年生まれ）高島市朽木桑原在住
佐々江庄太郎さん（昭和3年生まれ）高島市朽木平良在住
嶌嵜まさ枝さん（昭和9年生まれ）高島市朽木桑原在住
久保美佐夫さん（昭和32年生まれ）大津市在住

## 著者紹介

### 榊　治子（さかき・はるこ）

1954年、兵庫県養父市生まれ。関西医科大学付属看護婦学校卒業後40年間、関西医科大学附属病院に勤務。その間、大阪市立大学経済学部卒業。夫・榊始が朽木小川に移住後は毎週末大阪から小川に通う。2014年3月末、職を辞し小川に住み始める。

### 榊　始（さかき・はじめ）

1956年長崎県生まれ。子供を保育所に送るために、朝の遅い映画の仕事・大映大阪営業所に就職、その後、梅田日活地下劇場支配人などを経て、独立してアート系ミニシアター「シネマ・ヴェリテ」を立ち上げ、プロデュース。

妻の大学（社会人）入学を期に映画界と縁を切り、5年の主夫生活の後、この高島市朽木小川に山小屋を作り、愛犬ゴン太とともに番人として住み始めて20年目。2002年6月、デジカメを購入。毎日首にぶら下げ、シャッターチャンスを狙っている。

著書として『ボク、ゴン太!』（サンライズ出版）がある。

# 聞き書き 朽木小川《くつきこがわ》

—しこぶちさんと奥山暮らし歳時記—

2020年12月７日　初版第１刷発行

文　榊　治子

写真　榊　始

発行者　岩根順子

発行所　サンライズ出版株式会社

〒522-0004

滋賀県彦根市鳥居本町655-1

電話 0749-22-0627

デザイン　オプティムグラフィックス

印刷・製本　P-NET信州

ISBN978-4-88325-707-2